Jutta Limbach

Hat Deutsch eine Zukunft?

Jutta Limbach

Hat Deutsch eine Zukunft?

Unsere Sprache in der globalisierten Welt

Verlag C. H. Beck

Weimar, 31.03.09

Jutta Limbach

Dieses Buch ist als ein bescheidener Dank für das schönste Ehrenamt gedacht, das die Bundesrepublik Deutschland zu vergeben hat.

Jutta Limbach
Präsidentin des Goethe-Instituts

Originalausgabe

Gesetzt aus der FFScala im Verlag
Druck und Bindung: GGP Media GmbH, Pößneck
Gedruckt auf säurefreiem, alterungsbeständigem Papier
(hergestellt aus chlorfrei gebleichtem Zellstoff)
Printed in Germany
ISBN 978 3 406 57234 0

www.beck.de

Inhalt

Jorge Luis Borges
Ode an die deutsche Sprache

Die kastilische Sprache ward mir zum Schicksal,
Francisco de Quevedos Bronze,
aber auf dem langen Weg durch die Nacht
erheben sich andre, intimere Musiken.
Eine wurde mir aus dem Blute geschenkt –
O Stimme Shakespeares und der Schrift –
Andere durch Zufall, der freigebig ist,
Dich aber, süße Sprache Deutschlands,
Dich habe ich erwählt und gesucht,
ganz von mir aus.
In Nachtwachen und mit Grammatiken,
aus dem Dschungel der Deklinationen,
das Wörterbuch zur Hand,
das nie den präzisen Beiklang trifft,
näherte ich mich Dir.

Meine Nächte sind mit Virgil angefüllt;
So sagte ich einmal;
Ich könnte aber auch gesagt haben:
Mit Hölderlin und Angelus Silesius.
Heine gab mir seine Nachtigallenpracht;
Goethe die Schickung einer späten Liebe,
gelassen sowohl wie bereichernd;
Keller die Rose, gelegt von der Hand

in die eines Toten, der die Blume liebte
und der nie wissen wird, ob sie weiß oder rot ist.
Du, Sprache Deutschlands, bist Dein Hauptwerk;
Die verschränkte Liebe der Wortverbindungen,
die offenen Vokale, die Klänge,
angemessen dem griechischen Hexameter,
und Deine Wald- und Nachtgeräusche.
Dich besaß ich einmal.
Heute, am Saum der müden Jahre,
Gewahre ich Dich in der Ferne,
Unscharf wie die Algebra und den Mond!

Aus dem letzten Gedichtband des Autors: El Oro de los Tigres, Buenos Aires 1972. Übersetzt von Franz Nidermayer.

I. Babylon – eine Strafe oder eine Chance?

Seit unvordenklichen Zeiten, seit dem Turmbau zu Babylon, beschäftigt uns die Sprachenfrage: Ob, wie und zu welchem Zweck verständigen sich die Menschen? Laut der Bibel interessierte Gott weniger die Frage des Ob und Wie. Ihn beunruhigte die Frage des Wozu, zu welchem Zweck. Als nämlich die ganze Erde nur eine Sprache hatte und die gleichen Worte gebrauchte, verfielen die Menschen auf die Idee, einen Turm bauen zu wollen, dessen Spitze in den Himmel reicht. Da verwirrte Gott die Sprache der Menschen, sodass keiner mehr die Sprache des anderen verstand, und der gigantische Bau scheiterte. Denn, so der Gedankengang des Allmächtigen, kraft der Fähigkeit der Menschen, Denken und Wissen sprachlich zu vermitteln, wird für diese nichts mehr unausführbar sein, was immer sie zu tun ersinnen (1 Mos 11).

Wie es Autoritäten eigen ist, ging es Gott darum, Grenzen zu setzen. Sein Ziel war die Demut. Menschlichen Hochmut wollte er im Keim ersticken. Aber ist die eine weltweit gesprochene Sprache die Wurzel des Übels? Hätte nicht Einsprachigkeit eher Einfältigkeit und Selbstgenügsamkeit zur Folge gehabt? Die Vielzahl der Völker und die Vielfalt der Sprachen haben die Menschen jedenfalls nicht vor Hybris bewahrt. Die Geschichte, vor allem die Katastrophen des 20. Jahrhunderts beweisen das Gegenteil. Wir vermissen in der Legende die Einsicht, dass der Gebrauch der Sprache wie alle menschlichen Fähigkeiten sowohl Gutes wie Schlechtes bewirken kann. Das Verständnis von Sprache erscheint verkürzt auf den Informationsaustausch. Sprache als Schatz kultureller Erfahrungen und Werte, in ihrer sinnstiftenden und emotionalen Funktion ist in dem Mythos kein Thema. Anders im Neuen Testament: Dort beginnt der Text des sprachmächtigsten der Evangelisten mit dem Satz: Am Anfang war das Wort, verstanden als das wahre Licht, das jeden Menschen erleuchten sollte. Das Pfingstwunder mit seinem auf die Apostel einströmenden Heiligen Geist lässt diese in vielen – und jeweils anderen – Zungen reden.

Unbekümmert um die Lesart des alttestamentarischen Textes dient er heute als Metapher für Stimmengewirr und Sprachenvielfalt. Sprachgewirr wird als lästig empfunden und fordert zu Gegenmaßnahmen heraus. Vielsprachigkeit der Welt beschreibt einen beobachtbaren Sachverhalt. Obwohl das Nebeneinander so vieler Sprachen die Verständigung über deren Grenzen hinaus beschwerlich macht, betrachten wir die Vielsprachigkeit unserer Welt mehr und mehr als intellektuellen Reichtum. Die kulturelle Vielfalt spiegelt sich in den Sprachen wider. In Schrift gekleidet, tradiert die Sprache das kulturelle Erbe der Menschheit. Jede Sprache transportiert die Legenden und Erfahrungen, die Verhaltensmuster und Ideale einer Kultur. Die besondere Aufmerksamkeit gilt daher heute dem Fortbestand und der Lebendigkeit dieser vielen Sprachen. Nicht deren Fülle, sondern das weltweit zu beobachtende Sterben von Sprachen ist das uns herausfordernde Problem. Für David Crystal, einen britischen Sprachexperten, bedeutet es das größte intellektuelle Unglück, sollte eines Tages nur noch eine Sprache zu erlernen sein. Der drohende Verlust ist es, der Gegenmaßnahmen herausfordert, und nicht die Sorge, die Menschen könnten, wenn sie nur eine Sprache sprächen, leichter verführt sein, sich über die Götter erheben zu wollen.

Dass die deutsche Sprache Opfer eines solchen kulturellen Dramas werden könnte, ist wenig wahrscheinlich. Das fürchten selbst ihre verbissensten Verteidiger nicht. Gleichwohl können wir uns keine geistige Trägheit gestatten. Denn ein Dahinsiechen, ein innerer Verfall, ein Verkümmern zur Nischen- oder Freizeitsprache ist auch keine schöne Aussicht. Eine auf die Lebendigkeit des Deutschen zielende Sprachpolitik ist darum eine fortwährende Aufgabe. Diese ist nicht nur Sache der politischen, gesellschaftlichen und wissenschaftlichen Eliten. Die Sprache ist eine res publica, eine öffentliche Angelegenheit im ursprünglichen Sinne. Nicht eine wie auch immer autorisierte Akademie schreibt in Deutschland vor, was ein richtiger Gebrauch der deutschen Sprache ist. Diese wird durch den Sprachgebrauch der Sprachgemeinschaft fortgebildet.

Das schließt Krethi und Plethi ein, ohne dass damit die Sprache der demokratischen Mehrheitsregel unterworfen wird. Für die Schönheit der deutschen Sprache, ihren Wortschatz und vielgestaltige Verwendbarkeit ist darum jedermann und jede Frau mit verantwortlich. Auch wenn die Beiträge, die jede und jeder leisten kann, unterschiedlich sind. Wohl sind es die Dichter und Denkerinnen, die Künstler und Journalistinnen, die Wissenschaftler und Politikerinnen, die sprachschöpferische Kraft entfalten. Das macht sie nicht zum Zensor, sondern begründet allenfalls eine Autorität im Sinne geistiger Mächtigkeit. Herablassend hat einer unserer zeitgenössischen Poeten gemeint, dass bei der Sprache sich jeder einbilde, mitreden zu können. Ja, soll er doch! Sprachloyalität und Sprachbewusstsein, die so gern eingefordert werden, entstehen nur, wenn sich jeder die Freiheit nehmen darf, ein Wort mitzureden. Sprachkompetenz wird nicht nur am ästhetischen und intellektuellen Ausdrucksvermögen gemessen. Für jeden und jede ist die Sprache geistiges Lebensmittel.

Um die Zukunft der deutschen Sprache sollte uns eigentlich nicht bange sein. Immerhin wird sie in der Europäischen Union von über 83 Millionen Menschen als Muttersprache gesprochen. Überdies wächst im Zeitalter der Migration ihre Bedeutung als Zweitsprache. Selbst wenn wir über die Landesgrenze hinausschauen, scheint sich die deutsche Sprache wacker zu schlagen. Sie ist zwar im Gegensatz zur englischen nicht die Sprache, mit der man sich weltweit zu verständigen versucht. Aber auf der Rangliste der in Europa am häufigsten gelernten Fremdsprachen teilt sich die deutsche Sprache laut dem Eurobarometer mit der französischen inzwischen den 2. Platz. Ebenfalls gemeinsam mit dieser steht sie gegenwärtig auf dem 8. Rang der am häufigsten gesprochenen Sprachen der Welt.

Mehr als diese Zahlen belegen ihre beglaubigten Vorzüge die Lebendigkeit der deutschen Sprache. Poetische Kraft und ein reicher Wortschatz zeichnen sie aus. Eichendorffs Mondnacht, die Märchen der Brüder Grimm, Lessings Ringparabel und der Joseph-Roman von Thomas Mann bezeugen beispielhaft ihre literarische Ausdrucksstärke; Martin Luthers Bibelübersetzung wie die Werke von Goethe und Schiller seien nicht vergessen. Als vielstimmiges Instrument leiht die deutsche Sprachen vielen Berufen, Künsten und Wissenschaften ihre Dienste. Nicht von ungefähr sind große Werke der Philosophie in der deutschen Sprache verfasst worden, die der Vielfalt und Prägnanz ihres Ausdrucksvermögens große Ehre machen. Wie viel Weisheit birgt die Formel vom kategorischen Imperativ mit ihrer noch heute das moralphilosophische Denken beflügelnden Kraft?

Nicht nur die Literatur und Philosophie sorgen bis zum heutigen Tag für die geistige Frische der deutschen Sprache. Wachstum und Wandel sind ihr eigen. Wie kaum eine andere vermag die deutsche Sprache eingewanderte Wörter gemäß ihren Regeln einzugemeinden. Ihre Strahlkraft reicht bis in ferne Kontinente. Ihre Fähigkeit, altbekannte Wörter zu neuen Begriffen zusammenzusetzen, wird weltweit bewundert.

Der Zeitraffer und die Zeitlupe, die Realpolitik und der Zeitgeist, das Fingerspitzengefühl und die Gratwanderung sind in viele Länder ausgewandert. Diese Wortgeschöpfe gestatten, mit dem technischen Fortschritt sprachlich Schritt zu halten, wissenschaftliche Perspektiven in Begriffe zu übersetzen oder auch eine Geisteshaltung bildhaft in Sprache zu setzen. Zwar schießen wir Deutschen zuweilen mit unserem Hang nach Genauigkeit über das Ziel hinaus und produzieren Wortungetümer wie den Dämmerungswohnungseinbrecher, vor dem gerade in einer bayerischen Abendzeitung gewarnt wird. Aber das vermag als eine lässliche Sünde die – von Jorge Luis Borges gepriesene – «verschränkte Liebe der Wortverbindungen» nicht zu trüben.

Solche zusammengesetzten Wörter ermöglichen es nicht nur den Kopfarbeitern in allen Teilen der Welt, Lücken ihres Wortschatzes zu schließen. Das gilt auch und gerade für das Erfinden gefühlsbetonter Wörter wie Weltschmerz, Heimweh und Fernweh, worin die Deutschen Weltmeister sind. So ist Fernweh für eine Spanierin, die am Wettbewerb um das schönste deutsche Wort teilgenommen hat, das Wort ihrer Wahl. Ein Leben lang habe sie danach gesucht. Bis sie angefangen habe, Deutsch zu lernen, habe sie das Gefühl nicht benennen können. Es sei komisch, «etwas zu spüren und kein Wort dafür zu haben». Das sind Erfolgserlebnisse des Goethe-Instituts, die das Erlernen von Sprachen als intellektuellen Gewinn ausweisen.

Die Freude über die sprachschöpferische Kraft des Deutschen darf nicht über den Kleinmut hinwegtäuschen, mit dem gegenwärtig über die deutsche Sprache gesprochen wird. Sie scheint von allen Seiten bedroht, sowohl was ihren Gehalt als auch was ihre Geltung angeht. Nicht nur ihr internationaler, auch ihr nationaler Gebrauch ist nicht frei von Tadel. Es wächst die Schar jener, die die deutsche Sprache als die Landessprache im Grundgesetz verankern möchten. Wir leben in einer Welt, die Bedarf an Regeln und Geboten hat. Diese sehr deutsche Neigung macht vor der Sprache nicht halt. Die Klagemauer der Sprachschützer ist in Deutschland allzeit gut besucht. Die dort geübte Sprachkritik gerät häufig zum Tummelplatz moralisierender Nörgelei.

Das Sündenregister reicht von der Sprachschluderei über den allgegenwärtigen Gebrauch von Anglizismen bis zum Verzicht auf den Gebrauch der Muttersprache. Listen von gefährdeten Wörtern werden produziert, die allerdings eher auf eine geringe Belesenheit als auf ein Wissen über das Sterben von Sprachen hindeuten. Die Kanaksprach, das Multisprech und nicht zuletzt das Denglisch sind wohlfeiler Gegenstand der Kritik. Ob es wirklich die Liebe zur deutschen Sprache stimuliert, wenn man meint, sie ständig gegen Schluderei und fremdländische Anmache verteidigen zu müssen? Der Zweifel sei erlaubt.

In einem Land, in dem rund sieben Millionen Ausländer und Ausländerinnen mit uns leben und arbeiten, spielt das Deutsche als Zweitsprache eine immer wichtigere Rolle. Die Politik bedient sich vielfältiger Mittel, auch des Gesetzes, um das Erlernen der Landessprache zu ermöglichen oder gar – wie beim Ehegattennachzug – zu erzwingen. Nicht nur der Druck und die Pflicht, Deutsch zu lernen und zu sprechen, auch das Erlernen der Mutter- und Herkunftssprache werden im heißen

Streit erörtert. Angefeuert wird dieser durch die Ergebnisse der PISA-Studie, die auf die Lese- und Verständnisschwäche der Kinder aus «bildungsfernen» Elternhäusern aufmerksam gemacht hat. Die Studie hat uns nicht nur darüber belehrt, dass der Bildungserfolg in der Bundesrepublik nach wie vor von der sozialen Herkunft abhängt. Sie hat auch die wissenschaftliche Einsicht bekräftigt, dass die Weichen für das Fortkommen in Schule und Beruf schon in der frühkindlichen Sozialisation gestellt werden. Das Erlernen der Sprache, insbesondere der Landessprache, ist ein Grundstein für die Bildung. Vor allem die Kinder aus Zuwandererfamilien entbehren häufig diese elementare kulturelle Fähigkeit. Viele von ihnen beherrschen weder die Landes- noch ihre Mutter- oder Herkunftssprache.

Die Sprachlosigkeit von zugewanderten Minderheiten, die gesellschaftliche Ohnmacht, wenn nicht gar Heimatlosigkeit erzeugt, gibt uns Deutschen schon reichlich Stoff, um über die Integrationskraft von Sprache nachzudenken. Doch leben wir in einer Welt, die uns ein selbstbezügliches Denken in nationalen Grenzen nicht mehr gestattet. Die Bundesrepublik ist Mitglied der Vereinten Nationen und der Europäischen Union. Die Europäische Union wächst und hat gegenwärtig bereits 23 offiziellen Sprachen gerecht zu werden. Die Dynamik des internationalen Handelsverkehrs erhöht den Druck zugunsten einiger weniger Weltsprachen. Wird sich die deutsche Sprache in diesem Wettbewerb wenigstens als eine der offiziellen Europasprachen behaupten? Oder wird der Abbau von Handelshindernissen und Einreiseverboten zum Verschwinden der sprachlichen und kulturellen Vielfalt führen?

Die Europäische Union setzt diesem Trend die Maxime der Mehrsprachigkeit entgegen, jedenfalls in der politischen Rhetorik. Sie hat ausschließlich für dieses

Unionsziel einen Kommissar berufen und das Jahr 2008 dem interkulturellen Dialog gewidmet. Kann aber in einem vielsprachigen Europa die Sprache gleichwohl ein Zusammenhalt stiftender Faktor sein? Wie soll sich in Rede und Gegenrede eine öffentliche Meinung artikulieren, wenn die Unionsbürger in verschiedenen Zungen reden? Die seit über 50 Jahren fortschreitende Integration berechtigt zu einiger Hoffnung. Das Scheitern des Verfassungsprojekts ist gewiss nicht auf die Tatsache zurückzuführen, dass in der Europäischen Union inzwischen über 20 offizielle Sprachen gesprochen werden. Ein Plädoyer für die Einsprachigkeit hätte die auseinanderstrebenden Kräfte erst recht angefeuert. Bedeutet Babylon, so wird heute zu Recht gefragt, eine Strafe oder eine Chance?

Die Frage nach den Vorzügen und Nachteilen von einer oder vielen Sprachen wird hier in politischer Absicht gestellt. Wie steht es um das Verhältnis von Sprache und Gesellschaft? Was bedeutet die Muttersprache für den Menschen? Ob und wie können Politik und Gesellschaft auf die Gestalt, die Ausdruckskraft, den Gebrauch der deutschen Sprache Einfluss nehmen? Was kann und darf der Staat für die sprachliche Handlungsfähigkeit der auf seinem Gebiet lebenden Menschen tun? Kann er den Gebrauch des Deutschen auf den Schulhöfen anordnen? Kann er das Erlernen der Landessprache jenseits der Schulpflicht anordnen? Kann oder sollte er die Schriftsprache vereinheitlichen und vorschreiben, dass Schifffahrt mit zwei oder drei f zu schreiben ist? Sollte er auf einen «reinen» Sprachgebrauch hinwirken und sich gegen Fremdwörter und Anglizismen wenden?

Wie kann die sprachliche Verständigung in einer offenen Weltgesellschaft glücken? Welche Bedeutung hat eine Lingua franca? Wie steht es um den Einfluss des Staates auf die Sprachwahl im internationalen Verkehr?

Und wie kann schließlich die Europäische Union zwei häufig gegenläufigen Prinzipien zugleich dienen, nämlich auf ein europäisches Bürgerbewusstsein hinwirken und die sprachliche Vielfalt bewahren? Fragen über Fragen, auf die ich beginnend mit der Muttersprache über die Zweitsprache bis hin zur Fremdsprache eine Antwort geben werde.

II. Die Muttersprache

I. Die Muttersprache als geistig-seelische Heimat

Laut einem slowakischen Sprichwort erwirbt der Mensch mit jeder neu erlernten Sprache eine neue Seele. Die erste Seele gewinnt der junge Mensch mit dem Erlernen der Muttersprache. Diese gehört zu jenen Elementen der Kultur, die mehr noch als das Vaterland gesellschaftlichen Zusammenhalt stiften. Wort für Wort erlernt das Kind nicht nur die Muttersprache, sondern zugleich die Welt zu begreifen. Die mit der Sprache erworbene Fähigkeit, Gedachtes auszudrücken, wenn nicht überhaupt zu denken, Gedanken aufzunehmen und zu verstehen, prägt den Menschen von Kindestagen an – sowohl als Individuum als auch als geselliges Wesen.

Über die Sprache erfährt der Mensch seine Möglichkeiten und seine Grenzen. Er erkennt, was nach Meinung der Erwachsenen unaussprechlich, weil verpönt ist. Er lernt, Schimpfwörter und Ausdrücke zu vermeiden, die das Schamgefühl verletzen. Tabuwörter ziehen nicht nur erste Grenzen. Mit diesen werden Anstand und Sitte beigebracht. Der widerständige Geist probt mit – häufig aus dem Kindergarten heimgebrachten – Kraftausdrücken den Protest und erfährt die sanfte Sanktion der Empörung. So keimt schon in den Kleinen die Einsicht auf, dass man mit Sprache provozieren oder sich angenehm machen kann.

Die Muttersprache begründet nicht nur die familiäre und landsmannschaftliche Verbundenheit. Sie stiftet auch den gesellschaftlichen Zusammenhalt in der Sprachgemeinschaft. Weit mehr als «Blut und Boden» begründet die Sprache eine seelisch-geistige Heimat. Heinrich Heine, der bekanntlich viele Jahre unfreiwillig in Paris gelebt hat, wird gern als Zeuge für die gesellschaftliche Bindekraft der Sprache angerufen. In seinen von Heimweh intonierten Klagen wird der Zusammenhang von Sprache und seelisch-geistiger Heimat deutlich. Etwa wenn er davon spricht, dass seine Gedanken in eine fremde Sprache exiliert seien, und feststellt: ... schrieb ich deutsch, «so konnte ich mir einbilden, ich sei in der Heimat, bei der Mutter».

Die Sprache ist ein untrennbarer Teil unseres Selbst. Seit jeher war man sich einig, dass nichts einen Menschen so sehr verrät wie seine Sprache. Zwar sind Wortschatz und Grammatik einer Sprache weitgehend vorgegeben. Gleichwohl gibt auch und gerade das Deutsche seinem Benutzer vielfältige Möglichkeiten, eine sehr eigene Sprache zu entwickeln, sowohl was den Wortschatz, die Vorliebe für gewisse Wörter als auch was den Satzbau angeht. Die Sprache ist für viele Menschen der erste sich öffnende Raum ästhetischer Gestaltungsfreiheit. Das mag angesichts der Texte unserer Dichter und Denker hochtrabend klingen. Nicht jeder hat das Genie oder Talent eines Sprachkünstlers. Doch nicht nur kennt die Schreib- und Redekunst unterschiedliche Stufen der Vollkommenheit. Die Eigentümlichkeit, sich auszudrücken, bemisst sich nicht nur am Maßstab der Belletristik. Genauigkeit, Klarheit und Kürze sind weitere Kriterien, die je nach der Eigenart des Mitzuteilenden von besonderem Wert sein können, von der Bildhaftigkeit der Sprache, dem Sprachwitz und der Ironie nicht zu schweigen.

2. Sprache als Kultur

Die Sprache erschöpft sich nicht in ihrer werkzeughaften Rolle. Sie ist ein wesentlicher Bestandteil der Kultur. Bereits die Frage, für welche Gefühle, Eigenschaften und Tatbestände eine Sprache Worte besitzt oder nicht besitzt, teilt etwas über kulturelle Eigenheiten der jeweiligen Sprachgemeinschaft mit. Der Geist einer Sprache, so Marie Ebner-Eschenbach, offenbare sich am deutlichsten in ihren unübersetzbaren Worten. Für die deutsche Sprache sei auf die Gemütlichkeit, den Katzenjammer, das Waldsterben, den Weltschmerz, die Schadenfreude und die Bildung hingewiesen – alles Worte, für die es in anderen Sprachen häufig keine entsprechenden Vokabeln gibt und die daher in vielen fremden Sprachen übernommen worden sind.

Mitunter kennen zwei Sprachen jeweils Wörter für dasselbe Phänomen, doch schwingt in dem Wort der anderen Sprache – entsprechend der Mentalität oder dem Denkstil eines Volkes – ein Nebensinn mit. Das lässt sich gut am Wortpaar Geist – Esprit veranschaulichen. Den französischen Begriff benutzen wir Deutschen gern, wenn Geist mit Witz und Eleganz gepaart ist. Oder nehmen wir das englische Wort fairness, das bereits mit Fairness in das Deutsche «übersetzt» wird. Erst an zweiter Stelle bietet mein elektronisches Wörterbuch «Gerechtigkeit» als semantische Entsprechung auf. Trotz der zentralen Bedeutung dieses Begriffs greift er als Übersetzung von fairness zu kurz. Denn in dem englischen Begriff schwingen eine Reihe anderer Bedeutungen mit, wie etwa redlich, anständig, rücksichtsvoll und unparteilich, alles Verhaltensstile, die sowohl im Alltag wie im Recht Tugenden des Streitens und des Wettkampfs auf den Begriff bringen.

Solche Anleihen bei der jeweils anderen Sprache geben interessante Auskünfte über unterschiedliche Mentalitäten, Problem- und Weltsichten. Mitunter legen sie auch Zeugnis ab für eine herausragende nationale Leistung. Wörter sind nicht nur Bestandteile einer Sprache. Sie gleichen vielmehr einem Netz von Befindlichkeiten und Denkbarkeiten. Sprache ist – so Wilhelm von Humboldt – auch Ausdruck der Verschiedenheit des Denkens. Jede Sprache ist «auch eine Ansicht von der Welt». Für den, der eine Fremdsprache erlernt, sind Wörter gleichsam Fenster in eine andere Welt. Regen sie doch zum Vergleich wie zum Nachdenken an. Vor allem befördern sie die Lust, sich auf eine fremde Welt einzulassen. Das Erlernen einer Fremdsprache trägt mit dazu bei, dass man über die Eigenheiten der eigenen Sprache nachzudenken beginnt. Wer fremde Sprachen nicht lernt, so treffend Goethe, kennt seine eigene nicht. Je mehr man wiederum die eigene Sprache beherrscht, desto sensibler ist man für den Erfahrungsschatz anderer Sprachen.

Wir Deutschen sind zu Recht stolz darauf, dass unsere Sprache reich an Wörtern der Empfindsamkeit, der Innerlichkeit ist. Anmut, Heimat, Liebe und Habseligkeiten mögen hier als Beispiel dienen. Laut Ludwig Eichinger gilt für das Deutsche «seit seiner endgültigen Festigung gegen Ende des 18. Jahrhunderts, dass seine Trümpfe im europäischen Vergleich der Sprachen und Kulturen in der Natürlichkeit, der empfindsamen Anpassungsfähigkeit liegen. Viele Wörter, die diese Aura der empfindsamen Aufklärung und des natürlichen und gleichzeitig idealen Gefühls mit sich tragen, haben im allgemeinen Bewusstsein einen hohen Wert behalten». Die sich in jenen Wörtern offenbarende «deutsche Seelenbefindlichkeit» ist allerdings nur die eine Seite deutscher Wortmächtigkeit. Das kriegerische und menschenverachtende Vokabular des Naziregimes sei darüber nicht vergessen.

3. Der Krieg der Wörter

Wörter und Redensarten können Ausdruck von Kultur, aber auch von Unkultur sein. Sie können Menetekel, unheildrohende Zeichen für eine Welt des Schreckens sein. Man denke an den Sprachverfall in der Zeit des Nationalsozialismus, an Begriffe wie «totaler Krieg», «Endsieg», «lebensunwert», «volksfremd», «judenfrei» und «Volksschädling». Mit solchen millionenfach wiederholten Worten und Redewendungen zwang der Nazismus der Menge seine menschenfeindliche Ideologie auf und steuerte sie. So wurde den Rassegesetzen und dem Völkermord der Boden bereitet. Der als Jude verfolgte Romanist Viktor Klemperer hat dies im «Notizbuch eines Philologen» bedrückend geschildert. Man kann mit Wörtern physische Gewalt vorbereiten oder zu ihr überleiten. Fast jeder Krieg, so treffend Jürgen Wertheimer, wird auf dem Schlachtfeld der Wörter vorexerziert. In dieser Phase werden Maßstäbe verschoben und Vorurteile bedient. Die Rhetorik von der «Achse des Bösen» bietet ein Beispiel aus jüngster Zeit.

Deutsch war auch die Sprache der SS und der Gestapo, der Konzentrationslager und der Volksschädlings-Verordnung. Trotz des Abstands von über 60 Jahren erinnern die Opfer der Shoa und ihre Abkömmlinge die deutsche Sprache noch immer als eine aggressive gewalttätige Sprache. Die von Borges gepriesene Kunst der deutschen Sprache, Worte zu verbinden und neue Begrifflichkeiten zu schaffen, hat in jener Zeit böse Blüten getrieben. George Steiner spricht von der Antisprache der Todeslager, in denen die Sprache zu einem Instrument der Bestialität gemacht worden sei. Das Ideal des Menschen, der durch die Würde der Rede definiert sei, habe dort sein Ende gefunden. Steiner versucht diesen Punkt, in dem sich die Sprache menschlicher Erfahrung nicht mehr angemessen erweist, mit dem Erlebnis eines fast verdurstenden Häftlings zu markieren, der zusah, wie sein Peiniger ein Glas Wasser auf dem Boden vergoss. Auf die Frage des Häftlings «Warum tun Sie das?» antwortete der Schlächter: «Hier gibt es kein ‹Warum›.» Das Sprechen war, so Steiner, auf einem «Tiefpunkt der Geschichte zu einem Ausdruck von Absurdität und Verbrechen geworden». Es gab im strikten Sinne des Wortes nichts mehr zu sagen.

Wir müssen der Tatsache mit Verständnis begegnen, dass es Opfer und Angehörige gibt, die die Sprache der damaligen Folterer und Mörder noch nach 60 Jahren nicht zu ertragen vermögen. Über das «Trauma des größten Massenmords der Geschichte», so treffend Ulrich Sahm, kann auch der Hinweis auf die humanistische Tradition unserer Sprache, die mit den Namen Goethe, Kant und Schiller verbunden ist, nicht hinwegtäuschen.

Das Deutsche ist durch die Sprache des Unmenschen nicht für alle Zeiten diskreditiert, auch wenn diese wie keine andere menschliche Gabe die Zerbrechlichkeit unserer Zivilisation bewusst gemacht hat. Keine Sprache ist davor gefeit, von Menschenfeinden missbraucht zu werden. Wer die Sprache liebt, so Heinrich Böll, weiß, dass sie das Menschlichste am Menschen ist und darum auch schrecklichster Ausdruck seiner Unmenschlichkeit werden kann. Das ist aber nicht der Sprache, sondern den Worterfindern anzulasten, die ihre menschenverachtenden Gedanken in ein sprachliches Kostüm kleiden. Allerdings gilt es zu bedenken, dass «mit den Unmenschen nicht auch ihre Sprache dahingegangen ist, sondern dass sie förmlich darauf lauert, von den Menschenfeinden einer neuen Generation wieder in Betrieb genommen zu werden». So in einem Streiflicht der *Süddeutschen Zeitung* aus dem Jahre 1992, das auf den Neologismus «Fidschiklatschen» und die Redensart von dem «vollen Boot» verweist.

4. Sprachflucht und Sprachlosigkeit

Die Muttersprache prägt unser Denken und Fühlen, sie gibt Auskunft, wer und was wir sind, sie bereichert unser Wissen, verbindet uns mit unserer Umwelt und grenzt uns unter Umständen – etwa wenn wir Eigenschaften einer missliebigen Minderheit teilen – aus. Die Muttersprache ist darum aus vielen Gründen unserer besonderen Pflege und Aufmerksamkeit wert. Vor allem sollten wir das Deutsche sprechen und schreiben. Doch die Bereitschaft hierzu lässt selbst innerhalb unserer Landesgrenzen mehr und mehr zu wünschen übrig.

Wie häufig tadeln unsere französischen Freunde unsere geradezu anbiedernde Bereitschaft, auf internationalen Zusammenkünften auf den Gebrauch der eigenen Sprache zu verzichten. Für die Franzosen ist es ein selbstverständliches Anliegen, ja eine Herzenssache, den Stellenwert der französischen Sprache in der Welt zu festigen. Offensiv treten französische Politiker dafür ein, ihre Muttersprache in den internationalen Organisationen – insbesondere in den Institutionen der Europäischen Union – aufzuwerten. Wir dagegen sprechen beflissen englisch, statt den bereitstehenden Simultandolmetschern die Chance zu geben, ihre grauen Zellen zu trainieren. Wie häufig stellen wir dann – mehr oder minder ungewollt – die Bosheit George Bernard Shaws unter Beweis, dass Englisch *the easiest language is to speak badly*. Leichtfertig verzichten wir darauf, uns wortreich und damit gedankenreich in der vertrauten Muttersprache darzustellen. Einige unserer Landsleute glauben noch immer, durch den Gebrauch des Englischen Weltoffenheit, Modernität und das Gefeitsein vor nationalsozialistischem Ungeist zu demonstrieren.

Selbst im eigenen Lande wird in den großen Banken, im Management großer Unternehmen, im Handel und in den Universitäten, dort vor allem in den Naturwissenschaften, immer häufiger Englisch gesprochen. Im Bereich der Wirtschaft dient sie angesichts der internationalen Mitarbeiterschaft als interne Lingua franca. Die deutschen Universitäten bedienen sich selbst in der Lehre, vor allem im Graduiertenstudium, mehr und mehr der englischen Sprache. Die Beweggründe sind bekannt und einsichtig. Deutschsprachige Wissenschaftler sprechen und schreiben heute vielfach Englisch, auf dass ihre Forschungsergebnisse auch jenseits der Landesgrenzen zur Kenntnis genommen werden. Die englischsprachige Lehre im Graduiertenstudium an deutschen Hochschulen folgt schlicht dem Wunsch, ausländische Studierende aus Hochtechnologieländern wie den USA und Japan sowie aus den Wachstumsländern Asiens zurückzugewinnen.

Dennoch darf uns diese Entwicklung nicht gleichgültig lassen. Denn wenn an deutschen Universitäten

Englisch zur ausschließlichen Sprache in Forschung und Lehre würde, verkäme Deutsch zu einer Folkloresprache, die mangels einer fortgebildeten wissenschaftlichen Terminologie modernen Ansprüchen nicht mehr genügte. Auch könnten die Ergebnisse der Forschung der Gesellschaft nur noch schwer verständlich gemacht werden. Vor allem ist zu bezweifeln, ob sich die Wissenschaftler selbst einen Gefallen tun, wenn sie im Beruf auf den Gebrauch ihrer Muttersprache verzichten. Laufen sie doch Gefahr, auf diese Weise ihr Licht unter den Scheffel zu stellen.

Hans Joachim Meyer hat beredt auf den engen Zusammenhang von Sprache und Denken und zugleich darauf aufmerksam gemacht, dass eine gelingende Kommunikation von dem Maß der sprachlichen und kulturellen Kompetenz abhängt. Nicht nur die Kenntnis von Vokabeln entscheidet, ob wir uns als gleichwertiger Partner im Gedankenaustausch zu behaupten vermögen. Wenn wir in die höheren Diskurswelten unserer Partner aufsteigen wollen, müssen wir in deren «sprachlich kodierten Begriffen, Bildern und Vorstellungen» denken können, die ihrerseits Teil eines bestimmten geschichtlich gewachsenen kulturellen Zusammenhangs sind. Nur am Rande sei bemerkt, dass sich auch in der Wirtschaft allmählich die Einsicht herumspricht, dass diejenigen, die in Verhandlungen ihre Muttersprache sprechen, erfolgreicher sind als die, die sich eines fremden Idioms bedienen.

Man kann das eine tun, ohne das andere zu lassen. Wer wollte den Wert einer Lingua franca leugnen. Ob auf Reisen oder bei dem Zusammentreffen mit Sprechern fremder Idiome kommt uns allenthalben und allerorten zustatten, dass wir in der englischen eine weltweit gesprochene Sprache besitzen, die uns eine Verständigung ermöglicht. Solange wir noch der Maschinen entbehren, die unsere muttersprachlichen Äußerungen automatisch in das Idiom unseres Gegenübers übersetzen, werden wir einer oder einiger weniger internationaler Verkehrssprachen bedürfen. Die Trauer darüber, dass dieser – übrigens zweifelhafte – Vorzug nicht der deutschen Sprache zuteil geworden ist, sollte uns nicht blind machen für den vielfältigen Zugewinn, den die deutsche gerade der englischen Sprache verdankt.

Neben Sprachflucht und Sprachverrat beobachten wir beunruhigende Zeichen von Sprachlosigkeit. Der rasante technologische Fortschritt stellt die Tauglichkeit unserer Sprache, die Komplexität wissenschaftlicher Erkenntnisse in Worte zu fassen, auf eine harte Probe. «Die Wissenschaftssprache scheint», so Wolfgang Frühwald, «bei der Beschreibung immer komplexerer Experimente an natürliche Grenzen zu stoßen.» Die Wissenschaftler suchten «mit Macht» den Weg über «sprachfreie Modelle». Überkomplexe Zustände – wie das Gasgemisch in einem Ottomotor zum Beispiel – ließen sich in ihrer Struktur offenkundig weder beschreiben noch berechnen, aber im Computer visualisieren und optimieren. Auch wenn wir die Folgen dieser neuen Bild- und Zeichensprache noch nicht abzuschätzen vermögen, so Frühwald, stehe ein weiterer Verlust an Verbalität außer Frage. Die so gern gepriesene Fähigkeit der deutschen Sprache, mit Kombinationen von Wörtern neue Begriffe zu prägen, werde hier nicht helfen.

Sowohl das Buch als auch die Sprache bleiben von der modernen Informations- und Kommunikationstechnologie nicht unbeeinflusst. Das Deutsch der Mails und SMS' bewegt sich auf Sprechblasenniveau, scheint aber allmählich seinen Kulminationspunkt überschritten zu haben. Der inflationäre Gebrauch dieser Kommunikationsformen wird zu ihrem frühen Tod beitragen. Der dem Buch schon vor einem Jahrzehnt vorausgesagte Bedeutungsverlust hat sich nicht ereignet. Das Buch und mit ihm die Hochsprache haben die elektronischen Angriffe überlebt. Auf den Flügen und Bahnfahrten dominiert zwar der Laptop das Buch und auch die Zeitung. Das gilt im privaten Bereich wohl auch für den Fernseher. Mit Computertexten kann man aber weder Messen noch Lesungen veranstalten oder im trauten Familienkreis vorlesen. Zwar bedient sich auch derjenige, der Bücher liest und schreibt, der Kommunikationstechnik. Aber diese ersetzt den Griffel und die Bücher nicht. Das Sprechblasendeutsch hat seinen Ort, prägt aber weder unseren Sprach- noch unseren Schreibstil, wenn wir einmal von der Jugendsprache absehen, die auch nur in einer bestimmten biographischen Episode gesprochen wird.

Die von Frühwald mit Sorge betrachtete Sprachlosigkeit in der Wissenschaft ist von anderer Qualität. Hier scheint die Sprache mit ihrem Latein – insbesondere in den Naturwissenschaften – am Ende zu sein. Das kann uns nicht gleichgültig lassen, weil es sich, wie etwa bei den Fruchtbarkeitstechnologien, um wissenschaftliche Experimente von existentieller Bedeutung handelt, bei denen die Gesellschaft und die Politik ein Wort mitreden sollten. Auch die Wissenschaftsfreiheit ist nicht grenzenlos. Sie ist nicht von vornherein jeglicher Auseinandersetzung mit gesellschaftlichen Problemen enthoben, so das Bundesverfassungsgericht. Denn diese Freiheit ist letztlich für eine dem Wohle des Menschen und der Gemeinschaft dienende Wissenschaft verfassungsrechtlich garantiert worden.

Das hätte übrigens ein herausforderndes Thema des Jahres der Geisteswissenschaften (2007) sein können. Hatte doch das Motto «ABC der Menschheit» der Sprache die besondere Aufmerksamkeit zugekehrt. Sprache ist auch hier nicht nur als Instrument der Kommunikation gemeint, sondern Ausdruck der Reflexion, die den

Wesenskern der Geisteswissenschaft ausmacht. Bei aller Skepsis bleibt uns nur mit Wolfgang Frühwald zu hoffen, dass es den Geistes- und Kulturwissenschaften gelingen möge, «einer sprachlos werdenden Moderne die Schönheit und die Welt erschließende Fähigkeit menschlicher Sprache zu bewahren und zu erneuern».

5. Purismus als Sprachkritik

Die Sorge um sprachliche Reinheit ist keine Besonderheit unserer Zeit oder unseres Landes. Das Ideal einer reinen, schlichten und ungekünstelten Sprache wird seit der Erfindung des Buchdrucks europaweit hochgehalten. Die Angst, die Muttersprache könnte überfremdet oder verschludert werden, ist ein offenbar von ewiger Jugend geplagtes Problem. Auch in Deutschland hat es immer wieder Anfälle von kultureller Panik gegeben. Das Bemühen um die Reinheit der deutschen Sprache hat eine bis zum Ende des 18. Jahrhunderts zurückreichende Tradition. Seitdem ist unsere Muttersprache ein beliebter Gegenstand kulturpessimistischen Jammerns. Die Klage über ihren Verfall hat gegenwärtig wieder einmal Hochkonjunktur. Kein Magazin, keine Zeitschrift lässt sich dieses Thema entgehen.

Ob im Internet, auf der Chefetage oder im Hörsaal, so lesen wir, zerstöre «das globalisierte Englisch der Zeitgeist-Schwafler das lebendige Deutsch». Die *coole* Jugendsprache wird, weil erfrischend, mit etwas größerer Nachsicht bedacht, wenn auch Ausdrücke wie «toggeln» und «zupowern» an die Grenze des Großmuts stoßen. Das zur Schwatzsucht verleitende Handy wird als sprachlich-moralische Krankheit bewertet. Die Internetsprache, als ein weiterer Totengräber der deutschen Sprache ausgemacht, wird als eine gesellschaftliche Kommunikationsstörung, ja gar als Volkskrankheit entlarvt. «Deutsch for sale», so titelt mit bemühter Ironie ein Magazin und klagt, dass wohl nie zuvor so schlampig gesprochen und geschrieben worden sei.

Auf kaum einem anderen Gebiet können sich Beckmesser so gut entfalten wie auf dem der Sprachkunst. Der erhobene Zeigefinger ist die Schlüsselgeste einer Sprachkritik, die von dem Glauben beherrscht ist, die deutsche Sprache lasse sich von fremden Einflüssen frei halten. Der Blick ist auf das Bild einer nationalstaatlichen Idylle verengt, in der man unter sich bleibend Sprachzucht üben könnte. Der Gedanke, dass sich gerade starke Sprachen durch das Aus- und Einwandern von Wörtern und Begriffen gegenseitig bereichern, ist den Sprachpuristen fremd. Vergessen wird, in welchem Maße die deutsche Sprache mit ihrem reichen Wortschatz das Ausdrucksvermögen anderer Sprachen bereichert.

Die Versuche linguistischer Kammerjäger, Fremdwörter einzudeutschen und statt des «Airbags» das «Prallkissen», statt des «Chattens» das «Netzplaudern» in Umlauf zu bringen, sind mitunter unfreiwillig komisch. Sie erinnern mich an Kindheitslektüre, an das Buch «Nesthäkchen und der Weltkrieg», in dem unser deutsches Mädchen vom Bäcker einen «Kuss» verlangte, um das Wort «Baiser» aus dem Wortschatz des Feindes zu vermeiden. Die Heiterkeit der herumstehenden Kundschaft war groß. Das harmlose Beispiel aus dem Kinderbuch deutet an, dass Feldzüge für die Sprachreinheit in dem Gefühl der Gefahr und des Bedrohtseins eine Erklärung finden.

Die um sprachliche Reinheit bemühte Kritik gilt vor allem den ausgeborgten oder selbst gebastelten Anglizismen. Und in der Tat treibt die zum Teil hausgemachte

Produktion von Anglizismen mitunter kuriose Blüten. Der Rucksack, der als body bag bei eBay feilgeboten wird, bietet das trefflichste Beispiel. Die Verkaufsstrategen hatten offenbar keine Zeit, einmal in ein Lexikon zu schauen, das sie belehrt hätte, dass body bag Leichen-, aber nicht Rucksack bedeutet. Bastian Sick hat sich auf der Suche nach dem englischen Ausdruck für Rucksack die Mühe gemacht, das Wörterbuch zu befragen. Und dort begegnete ihm an erster Stelle – man glaubt es kaum – das Wort «rucksack» und dann erst die «eingeenglischte» Vokabel «back-pack».

Mit konkreten Beispielen für Sprachschludereien solcher Art kann man Seiten füllen – und offenbar in einen heiligen Zorn verfallen. Aber lohnen sprachliche Ärgernisse wie «relaxen» oder «downladen» wirklich mehr als eine Glosse? Ein Streiflicht in der Tonart der Ironie verspricht eher Erfolg als eine an Schmäh grenzende Jammeriade, die mitunter selbst den Sprachverfall demonstriert, den sie bei anderen denunziert. Denn was verrät das Reden von «hirnfreien Labors der Werbeagenturen», von der «fast paranoiden Lust der Deutschen an der Vernachlässigung oder Vergröberung des eigenen Idioms»?

Nicht nur der Mangel an Humor und der Hang zum Moralisieren beeinträchtigen die Überzeugungskraft einer solchen Kritik. Der geschichtsferne und provinzielle Blickwinkel dieser Sprachschelte ist das eigentliche Ärgernis. Ein Studium der Tageszeitungen lehrt, dass die europäischen Sprachen sich schon seit Jahrhunderten wechselseitig beeinflusst und bereichert haben. Nicht nur in den Wissenschaften, auch im Alltag benutzen wir eine Fülle von Wörtern, die wir den klassischen Sprachen, dem Lateinischen und Altgriechischen, oder modernen Sprachen, dem Französischen und Englischen, verdanken. Und wie arm wäre die Sprache der Musik ohne die

Anleihen bei der italienischen Sprache. Manche Wörter hat sich die deutsche Sprache derart angeeignet, dass uns ihre fremde Herkunft nicht mehr gegenwärtig ist. Wer würde heute noch – wie Nesthäkchen seinerzeit – «Nase» durch das Wort «Gesichtserker» ersetzen wollen? Im Fremdwörterlexikon taucht dieses gut eingebürgerte Wort gar nicht mehr auf.

Nicht zuletzt verrät die Kritik an den Anglizismen und anderen Jargons eine Ansicht von Sprache, deren Aufgabe sich in der Darstellung und im Informationsaustausch erschöpft. Der Wunsch, zu überzeugen und zu beeindrucken, gerät ins Hintertreffen und wird des Öfteren mit dem Vorwurf der Schaumschlägerei bedacht. Vernachlässigt wird überdies die Einsicht, dass mit bestimmten Sprachformen und -stilen gegenüber anderen sozialen Gruppen bewusst Grenzen gezogen werden. Die sich der Hochsprache bedienenden und die Anglizismen meidenden Sprecher wollen gern zur guten Gesellschaft gehören, die coolen Jugendlichen sich gegenüber der Welt der Erwachsenen abgrenzen. Das Kanakische dürfte auch weniger mit Sprachdefiziten als mit dem Wunsch zu erklären sein zu provozieren. Auch unsere Muttersprache ist – so treffend Jürgen Spitzmüller – kein einheitliches homogenes und nach außen abgeschlossenes Gebilde. Ihre Vielfalt und ihre Konfliktträchtigkeit veranschaulichen ihre Lebendigkeit. Die aus der Sprachgemeinschaft geübte Kritik hat darum auch eine legitime Aufgabe und verdient Gehör, sofern sie nicht in Rechtgläubigkeit entgleist.

6. Sprache und Staat – Deutsch ins Grundgesetz?

Wenn deutsche Bürger und Bürgerinnen sich über einen gesellschaftlichen Missstand ärgern, appellieren sie gern an die Politik, insbesondere an den Gesetzgeber. Die jüngste Forderung lautet: Deutsch ins Grundgesetz! Ein künftiger Artikel 22 a solle vorschreiben: «Die Sprache der Bundesrepublik Deutschland ist Deutsch.» Auf diese Weise hofft man, die deutsche Sprache vor dem kulturellen Verfall zu retten, der durch den zunehmenden Gebrauch von Anglizismen und Fremdwörtern sowie des Englischen in verschiedenen beruflichen Bereichen drohe.

Frankreichs Politik der Sprachreinigung wird gern als Vorbild empfohlen. So hat General de Gaulle 1968 ein Komitee zur Verteidigung der französischen Sprache eingerichtet. Eine Délégation générale de la langue française prägt in Zusammenarbeit mit der Académie Française neue Begriffe (Neologismen), wenn ein neuer Gegenstand zu bezeichnen ist. Ein von staatlicher Stelle herausgegebenes Dictionnaire des néologismes officiels umfasst bereits mehrere tausend Wörter. Dieses schlägt beispielsweise vor, statt des Wortes «walkman» den Begriff «baladeur» zu gebrauchen. Auch hat sich Frankreich wiederholt des Gesetzes bedient, um die Muttersprache gegen die Bedrohung von außen und Vernachlässigung von innen zu verteidigen. Das Verbot, Fremdwörter öffentlich zu gebrauchen, ist strafbewehrt. Die Loi Toubon (1994) sah für den Regelverstoß sogar Gefängnis und hohe Geldstrafen vor. Der Verfassungsrat (conseil constitutionel) hat einige und vor allem jene Vorschriften für verfassungswidrig erklärt, die sich auf den privaten Gebrauch von Anglizismen beziehen. Hier hat der Rat der Sprachfreiheit Tribut gezollt.

Nach wie vor ist jedoch der öffentliche und offizielle Gebrauch des Englischen untersagt. Wer sich einmal in der Pariser Métro umschaut, sieht, mit welchem Erfolg. Das französische Beispiel lehrt, dass man das stattliche Wachstum von Anglizismen nicht mit einer militanten staatlichen Sprachpolitik aufhalten kann. Gesetzliche Austreibungsversuche scheiden schon deshalb aus, weil man Kultur – zu der auch die Sprache gehört – ihrem Wesen nach nicht staatlich verwalten kann. Das beeinträchtigt ihre Autonomie, die auch und vor allem von der Ministerialbürokratie zu respektieren ist. Nur in Diktaturen, so hat Jean François Revel festgestellt, kann man mit Strafgesetzen erfolgreich gegen ausländische Wörter kämpfen.

Sosehr uns die Franzosen in der Liebe zu ihrer Muttersprache ein Vorbild sein sollten, so wenig verdient ihre auf Regeln und Verbote erpichte sprachpuristische Politik unsere Gefolgschaft. Von einem Bekenntnis des Grundgesetzes zur deutschen Sprache erhoffen sich die Befürworter einen symbolischen Erfolg. Man hofft, damit das Sprachbewusstsein und die Sprachtreue zu fördern. Das Ziel verdient Respekt, nur der Weg ist eher eine Sackgasse. Der vorgeschlagene Verfassungsartikel zeugt nur von Kleinmut. Er inkorporiert den Zweifel in unser wichtigstes Staatsdokument. Selbst die erhoffte symbolische Funktion verspricht wenig Einfluss auf das gesellschaftliche Verhalten. Erinnern wir uns: Im Jahre 1976 wurde das Eherecht um den Satz ergänzt: Die Ehe wird auf Lebenszeit geschlossen. Der Satz widersprach schon damals der Lebenswirklichkeit und hat wohl keine Ehe vor der Scheidung bewahrt. Und diejenigen, die seit Jahrzehnten verheiratet sind, sind gewiss nicht von jener Norm beeinflusst worden. Ähnlich wie das Pfeifen im dunklen Walde drückt die Aufnahme des Prinzips ins Bürgerliche Gesetzbuch nur Angst, ja moralische Panik aus.

Wer eine Forderung verrechtlichen will, möchte sie im Grunde «vergerichtlichen» (kein schönes Wort fürwahr). Wer die deutsche Sprache in Verfassungsrang heben will, möchte den Streit um ihre Reinheit und ihren Gebrauch vor Gericht austragen. Eine Aussicht, die in der juristischen Zunft keine Vorfreude auslöst. Ein Student, der bis nach Karlsruhe geht, um den Gebrauch der deutschen Sprache in dem Graduiertenkolleg einer deutschen Universität einzuklagen, findet sich bestimmt. Wer einmal berufsmäßig die Tausende beim Bundesverfassungsgericht eingehenden Beschwerden gesehen hat, dem kann angesichts des Eifers der Sprachpuristen angst und bange werden. Das Denunzieren sprachlicher Seitensprünge im öffentlichen Sprachgebrauch wie Mobility Center, Flatrate oder Best of Luxus Fashion würde in den Schriftsätzen gewiss die schönsten Blüten treiben. Auch die Sprache der Politik würde wohlfeile Angriffspunkte der Kritik bieten. So könnte man die Agenda 2010 auch sprachlich infrage stellen. Oder ist «Agenda» bereits ein in unserer Sprache fest etabliertes Wort? Spätestens bei diesem Begriff beschleicht die Bürgerin der Zweifel, ob wirklich die Richter und Richterinnen berufen sind, Fragen des Sprachwandels zu beantworten. Zumal sie einer Zunft angehören, die gerade wegen ihrer unklaren und unverständlichen Sprache häufig selbst Kritik erfährt.

Wer bedenkt, dass Sprache nicht nur Mittel der Verständigung, sondern auch Kultur ist, wird staatlicher Einflussnahme in diesem Bereich von vornherein mit Skepsis begegnen. Die Streitgeschichte der Rechtschreibreformen lehrt, dass man Sprache besser nicht administrieren sollte, auch nicht die Schriftsprache. Zwar ist seit der Mitte des 19. Jahrhunderts die Orthografie im

Interesse der Einheitlichkeit wiederholt Gegenstand schulbehördlicher Anordnungen gewesen. Doch noch jedes der bisherigen amtlichen Regelwerke wurde zu einer schweren Geburt und hatte die heftigsten Nachwehen zur Folge. Vor allem die Versuche, verändernd in den Schreibgebrauch einzugreifen – wie etwa das Wort Aal künftig mit einem a zu schreiben –, lösten heftigen Widerstand aus. Einige der Regelwerke sind schließlich an der mangelnden Gefolgschaft gescheitert. Je nach Mächtigkeit haben die Reformgegner mehr oder weniger den Gehorsam verweigert. So hatte Bismarck seinerzeit in seinem Amtsbereich per Ordnungsstrafe untersagt, die vom preußischen Kultusminister erlassene Rechtschreibreform zu befolgen.

Die Hoffnung vieler Reformgegner, dass das Bundesverfassungsgericht den Kultusministern und -ministerinnen das Handwerk legen werde, erfüllte sich nicht. Dieses sah den Staat nicht von Verfassungs wegen gehindert, die richtige Schreibweise der deutschen Sprache für den Unterricht in Schulen zu regeln. Schließlich benötigten Lehrer wie Schüler möglichst sichere und verbindliche Grundlagen für richtiges Lehren und Lernen der deutschen Schriftsprache sowie zuverlässige Maßstäbe für die Benotung. Selbst gestaltende Eingriffe in die Schriftsprache – so das Gericht – begegneten im Grundgesetz keinem generellen Verbot.

Das Gericht wies die Verfassungsbeschwerde der Eltern zurück, weil es weder das elterliche Erziehungsrecht noch das allgemeine Persönlichkeitsrecht als verletzt ansah. Denn zum einen hätten die Eltern keinen ausschließlichen Erziehungsanspruch. Dieser konkurriere in der Schule mit dem Erziehungsauftrag des Staates. Zum anderen sei die Rechtschreibreform nur für den Schulunterricht verbindlich. Angesichts der Geringfügigkeit der Änderungen werde die elterliche Erziehung, insbesondere die Kommunikation, nicht wesentlich beeinträchtigt. Die Kinder könnten die Bücher in der alten Rechtschreibung weiterhin lesen. Auch sei kein Autoritätsverlust der Eltern bei der Hausaufgabenhilfe zu befürchten.

Es war nicht Sache des Gerichts, das sei ausdrücklich betont, die Notwendigkeit, den Nutzen, die Güte oder die Logik der Reform zu überprüfen. Dafür hält das Grundgesetz keine Maßstäbe bereit. Auch wenn der Staat – verfassungsrechtlich betrachtet – Schreibregeln für die Schule erlassen darf, ist es doch der Frage wert, ob er klug beraten ist anzuordnen, dass «Roheit» künftig «Rohheit» und «Schiffahrt» künftig «Schifffahrt» geschrieben werden soll. Die Sprache ist Bestandteil der Kultur einer Sprachgemeinschaft. So wenig wie diese sollten die Sprache und ihre Schriftform staatlich verwaltet werden. Denn die Sprache entwickelt sich stetig durch den Gebrauch der Sprachgemeinschaft fort. Wie könnte es Goethe gesagt haben? Die Sprache ist geprägte Form, die lebendig sich entwickelt.

III. Das Deutsche in einer offenen Weltgesellschaft

1. Sprache ohne Grenzen

Wer Sprachpolitik betreiben will, darf nicht vernachlässigen, in welcher gesellschaftlichen, ökonomischen und politischen Situation sich die deutsche Sprache gegenwärtig und künftig behaupten muss. Man mag das Wortungetüm der Globalisierung und den mit diesem auf den Begriff gebrachten Wandel nicht mögen, gleichwohl muss man sich der Tatsache stellen, dass wir in einer umfassend vernetzten Welt leben, in der die Grenzen zwischen Ethnien und Nationen zunehmend durchlässig werden. Unsere Welt kennt nur noch wenige unüberschreitbare Grenzen. Die eine oder andere Diktatur versucht zwar noch, der Reiselust und dem Unternehmergeist Zügel anzulegen. Der Wunsch jedoch, an den Früchten des freien Waren- und Kapitalverkehrs teilzuhaben, lässt selbst solche Staaten die Grenzen öffnen, die ihren Bürgern und Bürgerinnen die Menschenrechte und Grundfreiheiten vorenthalten.

Im Gefolge dieser Entwicklung reisen nicht nur Unternehmer, Kaufleute und Politiker rund um die Welt. Der technologische Fortschritt im Verkehrswesen gestattet jedermann und jeder Frau, Länder kennenzulernen, die ihre Vorfahren allenfalls aus Abenteuerromanen kannten. Die Billigfluggesellschaften transportieren Wirtschaftskapitäne und Urlauberinnen ohne Ansehung der Person. Den uns vertrauten Mitteln der Kommunikation wie Presse, Radio und Fernsehen sind die elektronischen Medien gefolgt. Der massive Gebrauch von Computern und der neuen Kommunikationstechnologien bleibt nicht ohne Einfluss auf das künftige Schicksal der Sprachen.

In der sich mehr und mehr öffnenden Weltgesellschaft ist die Vorstellung von in sich geschlossenen Nationalkulturen fragwürdig geworden. Nationale und ethnische Gemeinschaften können sich schwerlich gegen fremde kulturelle Einflüsse abschotten. Nicht erst seit heute, aber doch leichtfüßiger als früher wandern Wörter, künstlerische Stile und Ausdrucksformen, Kunstwerke und wissenschaftliche Erkenntnisse ein und aus. Schon Goethe wusste, dass es keine patriotische Kunst, keine patriotische Wissenschaft gibt, dass beide – wie alles Gute – «der ganzen Welt angehören und nur durch allgemeine freie Wechselwirkung aller ... gefördert werden kann».

Die Vielfalt von Kulturen und Sprachen, die wir seit jeher im Weltmaßstab kennen, erfahren wir in Europa seit den Fünfzigerjahren des vorigen Jahrhunderts auch innerhalb der nationalen Grenzen. Die Ansicht von einer einheitlichen Nationalkultur ist selbst diesseits der deutschen Landesgrenzen wirklichkeitsfremd. Deutschland ist ein Einwanderungsland mit einer kulturell gemischten Gesellschaft. Darum sollten wir Begriffe wie Kultur und Identität stets mit Vorsicht gebrauchen. Zu leichtfertig werden diese, das betont Peter Burke zu Recht, mit der Vorstellung von Homogenität, Grenzen und Konsens verknüpft. Man denke nur an den gern gebrauchten, aber gleichwohl fragwürdigen Begriff der Leitkultur. Gewiss ist es auch die gemeinsame Muttersprache, die uns Deutsche als Nation verbindet. Freudig wird noch immer Johann Gottfried Herder für die Definition der Nation zitiert, der diese als eine Gemeinschaft verstanden hat, die durch das Band der Sprache zusammengehalten wird. So schreibt Herder in seinen Briefen zur Beförderung der Humanität:

«Das Band der Zunge und des Ohrs knüpft ein Publikum ... Wer in derselben Sprache erzogen ward, wer sein Herz in sie schütten, seine Seele in ihr ausdrücken lernte, der gehört zum Volk dieser Sprache. ... mittelst der Sprache wird eine Nation erzogen und gebildet, mittelst der Sprache wird sie ordnungs- und ehrliebend, folgsam, gesittet, umgänglich, berühmt, fleißig und mächtig. Wer die Sprache seiner Nation verachtet, entehrt ihr edelstes Publikum; er wird ihres Geistes, ihres inneren und äußeren Ruhms, ihrer Erfindungen, ihrer feineren Sittlichkeit und Betriebsamkeit gefährlichster Mörder.»

Dieses der Romantik eigene Pathos und das Aufgebot von Sekundärtugenden kämen uns heute nicht mehr von den Lippen, auch wenn wir Herders Idee von der gemeinschaftsbildenden Funktion der Sprache im Grundsätzlichen teilen. Herder wollte weniger den Begriff der Nation klären als vielmehr die soziale Bindekraft der Sprache und ihre Funktion betonen, die sie bei der Erziehung des Menschen zu einem vernunftbegabten Wesen hat. Das Vaterland seiner Zeit ist für Herder, so Peter Koslowski, nicht mehr das erobernde Land der Antike. Vielmehr ist es für ihn das Land, das sich im Wettstreit mit anderen Ländern der Humanität verschrieben hat. Herder konnte sich noch von der Vorstellung einer Sprachgemeinschaft mit einer einheitlichen homogenen Sprache leiten lassen. Die Schwierigkeit, die sich einem Einwanderungsland mit Migranten anderer Sprachen stellen, war für ihn verständlicherweise noch kein Thema. Wir dagegen müssen mit der Tatsache fertig werden, dass mit uns sieben Millionen Ausländer leben, die – mehr oder minder gekonnt – sich ebenfalls in dieser Sprache verständigen. Diese bleibt davon nicht unberührt. Das bedeutet nicht etwa Verzicht auf ästhetische Ansprüche an die Muttersprache. Es verlangt aber mehr Verständnis für Mischformen der Sprache und Aufmerksamkeit für das Eingebrachte, für den Zugewinn an Ausdrucksmöglichkeiten.

In allen Sparten der Kunst, auch der Sprache, sind immer mehr (auch) Deutsch sprechende Künstler und Künstlerinnen am Werke, die oder deren Vorfahren Zuwanderer sind. Als Beispiele seien nur der Filmregisseur Fatih Akın, die Rechtsanwältin und Autorin Seyran Ateş und die Schriftstellerinnen Marica Bodrozic und Emine Sevgi Özdamar wie der Schriftsteller Feridun Zaimoğlu genannt. Was diese mit der Klarsicht einer anderen Herkunft sehen, spiegelt sich auch in ihrer Arbeit und Sprache wider. Wer, wenn nicht diese, könnte Auskunft über die ambivalenten Gefühle geben, die Zugewanderte gegenüber dem Herkunft- und dem Gastland empfinden. Diese Grenzgänger schreiben unsere Kultur und Sprache fort. In der Rezension ihres jüngsten Gedichtbandes wird Marica Bodrozic das Kompliment gemacht, dass sie – uneingeschüchtert von der Sprachtradition – mit ihren schöpferischen Neubildungen wie «gewinterte Menschen», «weißgesonnte» Segel die deutsche Lyrik auffrische. Wenn Seyran Ateş sich trotz ihrer deutschen Staatsangehörigkeit nicht als Deutsche, sondern als Deutschländerin bezeichnet, pocht sie auf ein neues Verständnis von Identität. Gemeint ist ein Verständnis, dass ihr keinen Traditionsverlust zumutet und sie zugleich in Deutschland zu Hause sein lässt, ihr also verschiedene Zugehörigkeiten gestattet.

2. Die Mär vom Schmelztiegel

Die Offenheit nationalstaatlicher Grenzen und die Nachbarschaft unterschiedlicher Ethnien und Kulturen gehen nicht mit einem Einebnen kultureller Unterschiede und sprachlicher Vielfalt einher. Was im Alten Testament als Fluch gedacht war, erscheint uns heute als Segen. Die Forderung, die zugewanderte Minderheit möge sich der Kultur der Mehrheitsgesellschaft unterordnen, verträgt sich nicht mit den Prinzipien des modernen Verfassungsstaats. Integration – im Sinne gesellschaftlicher Zusammengehörigkeit verstanden – verlangt vom Zuwanderer nicht, sich von seiner ursprünglichen Identität, Kultur und Sprache zu verabschieden. Will er im Aufnahmeland langfristig leben und arbeiten, muss er sich in dessen Kultur hineinfinden und die Landessprache erlernen. Das mutet dem Einwanderer zu, unterschiedliche, mitunter gegenläufige kulturelle Vorstellungen in einem Kopfe zu meistern.

Wahrscheinlich kann nur ein Auswanderer beschreiben, was es heißt, einen Weg zu finden, um das Gefühl der Fremdheit loszuwerden, ohne sich selbst zu verlieren. Eva Hoffmann hat in ihrem Buch «Lost in Translation» das schwierige Ankommen in der Fremde beeindruckend beschrieben. Die in Krakau geborene Jüdin ist 1959 dreizehnjährig mit ihren Eltern nach Kanada ausgewandert und später als Studentin in die USA übergesiedelt. Mit dem Erlernen der Landessprache hofft sie in die Neue Welt hineinzufinden. Doch die bloße Sprachfähigkeit beendet nicht den Zustand der Fremdheit. Die kulturelle Grammatik, die sich hinter den Schichten des jeweils anderen Vokabulars verbirgt, bringt eine Art kultureller Schizophrenie mit sich. Noch nach vielen Jahren und einem erfolgreichen Studium in den USA führt sie ihre Selbstgespräche hin und her gerissen in der Landes- wie in der Muttersprache. Unterschiedliche Gefühlswelten und Traditionen spiegeln sich in dem zweisprachigen inneren Dialog wider. Während eines Ausflugs mit ihrem texanischen Freund fragt sie sich: «Soll ich ihn heiraten?» Die Frage stellt sie sich auf Englisch. Dem folgt ein «Ja». Auf die gleiche Frage in polnischer Sprache folgt ein «Nein». «Wenn du heiratest», sagt die polnische Stimme, «musst du jemand von ganzem Herzen zugetan sein.» «Das ist eine romantische Illusion», erwidert die englische Stimme. Unterschiedliche Vorstellungen von Liebe und Ehe, Unauflösbarkeit und Scheidbarkeit der Ehe liegen hier im Widerstreit. Der American way of life wird mit dem aus der Heimat mitgebrachten Ideal konfrontiert, dass man in guten und schlechten Tagen zusammenstehen sollte.

Wann ist eine Migration geglückt? Wenn man die Selbstgespräche nur noch in der Landessprache führt? Oder bleiben die Brüche, die Risse, weil man ein Mensch auf beiden Seiten gewesen ist? Was wissen wir schon von diesem schwierigen Prozess des sich Hineinfindens in eine andere Kultur, die wir dieses Schicksal nicht teilen? Welchen Beitrag können wir in der Einsicht leisten, dass Integration ein Lernprozess auf Gegenseitigkeit ist? Zumindest sollten wir mit der Einsicht beginnen, dass kulturelle Unterschiede zu respektieren und schützenswert sind, und nicht zuletzt, dass kulturelle Vielfalt bereichert.

Die Idee vom Schmelztiegel, wonach die unterschiedlichen Rassen und Kulturen sich in einem Staatswesen mit der Zeit zu einer neuen Rasse und Kultur verschmelzen, hat sich bei dem bevorzugten Demonstrationsobjekt der USA als Illusion erwiesen. Dieser Staat kennt nach wie vor eine Reihe von bedeutenden Minderheiten mit einer nach wie vor gesprochenen Herkunftssprache. Man denke an die Hispanics, die die größte US-Minderheit bilden und ein mit vielen Anglizismen gespicktes Spanisch sprechen. Die offizielle Einsprachigkeit, das Monopol des Englischen wird in den USA inzwischen infrage gestellt. Die wachsende Bedeutung des Spanischen hat bereits die Absicht einiger Politiker beflügelt, das Englische als Amtssprache in einem Amendment der Verfassung zu verankern.

Zwar sind die nordamerikanischen Verhältnisse nicht mit den europäischen vergleichbar. Denn die USA wie Kanada waren schon vor Beginn ihrer offiziellen Staatlichkeit Einwanderungsgesellschaften, denen der Sprachenkonflikt in die Wiege gelegt worden ist. Gleichwohl veranschaulicht das dortige Spannungsverhältnis zwischen Mehrheit und Minderheit die Besorgnisse, die auch in Europa mit der Migration einhergehen. Gemeint ist die Angst, dass sich mit der steigenden Zahl von Zuwanderern und der sich wandelnden ethnischen Zusammensetzung der Bevölkerung die nationale Identität auflösen könnte, wie sie sich vorzugsweise in der gemeinsamen Sprache und den weitgehend geteilten Werten widerspiegelt. «Die Aufnahmegesellschaften fürchten um ihren politischen und sozialen Zusammenhalt, um den ‹Verlust› der eigenen Kultur» (Rita Süssmuth). Darum pochen sie auf die Verbindlichkeit ihrer Wertordnung, auf die Übernahme ihrer Lebensweisen. Auch wenn stets von Integration die Rede ist, zumeist ist doch Assimilation gemeint.

Der Begriff von der Parallelgesellschaft macht deutlich, dass die eigentliche Gefahr nicht in einem Völkergemisch, sondern in dem Entstehen von getrennten, sich gegeneinander abschottenden Gesellschaften besteht. In der gut vernetzten Welt von heute brauchen die Zuwanderer nicht mehr die Verbindung zu ihrem Herkunftsland, ihren zurückgebliebenen Angehörigen und Freunden abzubrechen, worauf David Graddol treffend hinweist. Mithilfe der modernen Kommunikationsmittel können sie mit den in der Heimat Zurückgebliebenen alltäglich Kontakt halten, sich dieselben Radio- und Fernsehprogramme zugänglich machen und dieselben Zeitungen lesen. Das mindert ihre Bereitschaft, sich in die Mehrheitsgesellschaft zu integrieren. Und je größer die Gemeinden der Zuwanderer sind, desto geringer erscheint die Notwendigkeit, sich die Landessprache anzueignen.

So tröstlich die Tatsache ist, dass die globalisierte Welt nicht zum Verschwinden der sprachlichen und kulturellen Vielfalt führt, so besorgniserregend ist das Bild von getrennten Gesellschaften, die den sozialen Zusammenhalt in einem Staatswesen infrage stellen. Die immer stärker hervortretenden lebensweltlichen Unterschiede zwischen der Mehrheitsgesellschaft und den zugewanderten Minderheiten machen das Verhältnis von Toleranz und sozialem Zusammenhalt zu einer Kardinalfrage für Gesellschaft und Politik. So Franz Ketteler, der die Suche nach einer Handlungsmaxime empfiehlt, «die das Fremde ‹anerkennt›, ohne sich im Akt des Fremdverstehens selbst zu verlieren».

Dieser interkulturelle Suchprozess ist ein voraussetzungsvolles Unterfangen. Er setzt die Fähigkeit voraus, sich in den jeweils anderen hineinzuversetzen. Was allerdings nur glücken kann, wenn die Partner des Gesprächs für die Lebensweisen und Erfahrungshorizonte des jeweils anderen aufgeschlossen sind. Dabei geht es nicht nur um den Abbau von Vorurteilen auf beiden Seiten. Gefordert ist überdies die Bereitschaft, selbstkritisch die eigene Weltsicht, die Muster des eigenen Denkens und Handelns infrage zu stellen und sich auf einen gegenseitigen Lernprozess einzulassen.

Aus dieser den interkulturellen Dialog fördernden Haltung folgt weder die moralische noch die politische Anerkennung der Denk- und Handlungsmuster des anderen. Das Toleranzgebot verlangt nicht den Verzicht, für den eigenen Glauben mit Nachdruck einzutreten und den anderen bekehren zu wollen. Die Religionsfreiheit der mit uns zusammenlebenden Minderheit zu respektieren schließt auch nicht aus, der Ausbreitung ihrer Religion mit geistigen Mitteln entgegenzuwirken. Toleranz meint nicht Indifferenz, sondern Verzicht auf Gewalt. Das Verstehenwollen anderer Kulturen verschiebt auch nicht die verfassungsrechtlichen Grenzen unserer Toleranz, die die Würde und Gleichheit aller Menschen wie deren geistige und körperliche Unversehrtheit unter Schutz stellen.

3. Weltoffenheit und Ortsfestigkeit

Weltbürger werden nicht geboren, sondern erzogen. Bürgerliche Tugenden, die Toleranz und die Achtung des Fremden einschließen, gehören nicht zur biologischen Grundausstattung des Menschen. Diese werden im sozialen Umfeld, auf der lokalen Ebene erfahren und gelernt, sei es in der Familie, der Nachbarschaft, der Schule oder der Gemeinde. Die europäische Integration entbindet die Bürgerinnen und Bürger nicht von ihren lokalen, regionalen und nationalen Loyalitäten. Im Gegenteil: Sie baut darauf auf. Das Versprechen der Union, den Reichtum der kulturellen und sprachlichen Vielfalt zu wahren, verdankt sich der Einsicht, dass die Gefühle nationaler, regionaler und lokaler Verbundenheit sich als Quelle eines künftigen europäischen Bürgerbewusstseins erweisen werden.

Wer sich in der offenen Weltgesellschaft nicht verlieren will, muss einen festen Standort haben. In seinem Essay «Wieviel Globalisierung verträgt der Mensch?» hat Rüdiger Safranski treffend auf die anthropologische Grundbedingung verwiesen, dass Mobilität und Weltoffenheit durch Ortsfestigkeit ausbalanciert werden müssen. Man kann nicht im Globalen, sondern nur hier oder dort wohnen. Schließlich haben wir Deutschen für die «besonders emphatische Ortsfestigkeit» den schönen Ausdruck «Heimat». Nur leider löse dieses Wort – so Safranski – in Deutschland Alarmsirenen aus. Rückständigkeit, gar Revanchismus werden dahinter vermutet. Zwar sei es nicht verwunderlich, «daß in einem Volk wie dem Deutschen, das mit dem Schlachtwort ‹Volk ohne Raum› in großem Stil anderen Völkern die Heimat zerstört oder sie daraus vertrieben hat, ... das Reden über ‹Heimat› seine Unschuld für eine gewisse Zeit verloren» habe. «Aber hoffentlich nur für eine gewisse Zeit», setzt er hinzu, «denn inzwischen brauchen wir wieder eine Positivbewertung von Heimat – schon aus anthropologischen Gründen.» Denn es gelte der Grundsatz: «Je mehr emotional gesättigte Ortsbindung, desto größer die Fähigkeit und Bereitschaft zur Weltoffenheit.»

Was das wechselbezügliche Verhältnis von Weltoffenheit und lokaler Verbundenheit und die Freude am Wort Heimat angeht, kann man Safranski nur zustimmen. Gleichwohl bezweifle ich, dass wir Deutschen «nur für eine gewisse Zeit» unsere Unschuld verloren haben. Auch in der Literatur- und Sprachwissenschaft finden wir Aussagen ähnlich relativierender Art. Da wird der Mut, sich wieder zum Deutschen, zur deutschen Literatur und Sprache zu bekennen, angemahnt. Der Abschied von der Scham der frühen Jahre wird gefordert. Und vor allem wird ein vermeintlicher Vorwurf des Nationalismus abgewehrt, der jenen gemacht werde, die sich für deutsche Kultur und Sprache starkmachen.

Es geht wohl eher um einen gefühlten Vorwurf nationalistischen Denkens, um es modisch zu sagen. Wer selbstbewusst für seine deutsche Heimat, für die deutsche Sprache und Literatur eintritt, ist deswegen noch kein Nationalist. Selbst dann nicht, wenn er die Zeit für gekommen hält, sich nicht mehr durch die Last der deutschen Vergangenheit Zügel im Werben für seine nationale Kultur und Muttersprache anlegen zu lassen. Ob es klug ist, bleibt eine offene Frage. Die Erinnerung an, die Scham über und die Verantwortung für Auschwitz gehört nicht nur für die 68er-Generation zur Staatsräson der Bundesrepublik. Aber das zwingt uns heute nicht mehr zur Leisetreterei. Weder Schuld noch Reue vermögen einen solchen Verhaltensimperativ gegenüber den jüngeren Generationen zu begründen. Die von den Älteren geübte politische Korrektheit sollte nicht ihre Sache sein. Doch die bittere Erfahrung, die Millionen von Menschen mit deutschem Vormachtstreben gemacht haben, sollte nach wie vor die Methodenwahl und Tonart unserer Sprachpolitik leiten. Das erhöht unsere Glaub- und Vertrauenswürdigkeit.

Wer für die deutsche Sprache auf der nationalen wie der internationalen Bühne wirbt, sollte nach wie vor eingedenk dieser historischen Hypothek handeln. Nationale Überheblichkeit, ein übersteigertes Sendungsbewusstsein wie linguistische Kammerjägerei machen weder eine Kultur noch eine Sprache attraktiv. Was die Franzosen dürfen, nämlich La Grande Nation spielen, steht uns Deutschen wegen Auschwitz nicht gut an. Gleichwohl ist es legitim, das Lehren der deutschen Sprache zu einem vorrangigen Ziel der auswärtigen Kultur- und Bildungsarbeit zu machen. Das Goethe-Institut hat es in den Jahrzehnten seines Bestehens auf das Beste unter Beweis gestellt, dass man ohne jedes imperiale und überhebliche Gehabe für die deutsche Sprache und Kultur Freunde gewinnen kann. Man braucht sich nur auf deren Vorzüge einzulassen.

IV. Deutsch als Zweitsprache

1. Konflikte im Zeichen kultureller Vielfalt

Wer Anschauungsunterricht in Sachen kultureller und sprachlicher Vielfalt sucht, braucht nicht auf Reisen in fremde Länder zu gehen. In vielen deutschen Städten zeigen bereits die Geschäftsbezeichnungen der Gaststätten, Kioske und Feinkostläden eine Vielfalt von Sprachen und Kulturen an. Auch wenn einige Politiker noch immer Schwierigkeiten haben, das Wort «Einwanderungsland» in den Mund zu nehmen, müssen sie sich der Tatsache stellen, dass hierzulande fast sieben Millionen Ausländer, darunter rund drei Millionen Muslime, leben, die Deutschland als zweite Heimat betrachten.

Die zugewanderten Menschen sprechen nicht nur in vielen Zungen, sondern unterscheiden sich von den einheimischen auch in ihren Sitten, in ihrer Kleidung und Speise. Die wachsende Vielfalt der Kulturen und Religionen führt zu Spannungen und Konflikten. An mehreren Orten der Bundesrepublik kocht immer wieder der Streit um Moscheen und Minarette hoch. Gegenstand des interkulturellen Konflikts sind inzwischen auch die Sprachen. Ein Beispiel bietet das babylonische Sprachgewirr auf Berliner Schulhöfen, dem wir mit «Deutschpflicht» und «Pausensprache» zwei jüngst neu zusammengesetzte deutsche Wörter verdanken. In 70 Berliner Oberschulen ist Deutsch für die große Mehrzahl der Schüler nicht die Muttersprache. Mitunter werden an diesen Schulen acht bis zehn verschiedene Herkunftssprachen gesprochen.

Gewalt gehört an diesen Berliner Schulen zum Alltag. Wir wissen wohl, dass dies nicht nur mit der Aggressivität und dem Imponiergehabe autoritär sozialisierter Söhne zu erklären ist. Auch wenn in Zeiten des Wahlkampfs der Blickwinkel gern auf diese Aspekte verengt wird. Deutsche sind nicht nur Opfer, sondern auch Täter. Es geht nicht um ein Problem von In- und Ausländern, sondern um die Herkunft aus den ärmsten Schichten. Gewalttaten mit fremdenfeindlichem Hintergrund sind nicht seltener als Übergriffe von Ausländern gegenüber der einheimischen Bevölkerung. Erst der Mord an Theo van Gogh in Amsterdam, die Selbstmordattentate in London und die gewalttätigen Krawalle in den Pariser Vorstädten haben auf große Probleme in der Migrationspolitik aufmerksam gemacht. Angesichts dieser Akte fanatisierten Terrors ist in Deutschland über die Parteigrenzen hinweg ein Abgesang auf die Idee einer multikulturellen Gesellschaft angestimmt worden. Ja, mehr noch, dieses Konzept ist als Wurzel allen Übels ausgemacht worden.

Allerorten in Europa, vor allem in den großen Städten, in denen viele Migranten und deren Abkömmlinge leben, beobachten wir eine Spaltung der Gesellschaft entlang ethnischer, rassischer und religiöser Bruchlinien. Dieser besorgniserregende Befund sollte uns zwar aus unseren idealistischen Welten herausholen, aber nicht die vielversprechende gesellschaftspolitische Idee der friedlichen Koexistenz verschiedener Kulturen zu Grabe tragen lassen. Die sich entwickelnden Parallelgesellschaften sind nicht das Resultat dieses Konzepts. Sie bezeugen vielmehr eine verfehlte Integrationspolitik. In unserer Rhetorik geben wir uns gern egalitär und weltoffen für andere Kulturen. Im Alltag verfahren wir dagegen häufig nach dem Motto: Wasch mir den Pelz, aber mach mich nicht nass.

Die Integration ist nicht nur Sache des Staates, auch die Bürgergesellschaft ist gefordert. Wir begreifen Toleranz heute nicht nur im Sinne von Duldung, sondern verstehen darunter auch die wechselseitige Achtung. Kultur fängt bei den Formen an. Gegen dieses Prinzip wird im Alltag vielfach verstoßen. Der erhobene Zeigefinger wie die Empörung über die Kanaksprach oder das Multisprech verraten einen Mangel an Humor und Empathie. Wie häufig beobachtet man sich doch selbst oder seine Landsleute im Ausland bei dem Versuch, sich mit Versatzstücken aus der eigenen und der fremden Sprache verständlich zu machen. Schon die Alltagspsychologie lehrt, dass die in den multikulturellen Kiezen gesprochene Jugendsprache sich dem Umstand verdankt, sich nicht nur von der älteren Generation, sondern auch von der Mehrheitsgesellschaft abzugrenzen. Hassu Problem, wa? wird der türkische Jugendliche antworten, wenn wir seinen «Sonderslang» kritisieren.

Was «die Türken» verstehen oder nicht verstehen, so belehrt uns Seyran Ateş, hänge davon ab, welches Bild man von den Zuwanderern habe und wie man mit ihnen spreche. Ihre Eltern hätten nur «Tarzandeutsch» lernen können, weil man mit ihnen nur so gesprochen habe. Nicht nur auf den Ämtern sehen sich Migranten geringschätzig behandelt. Wie viele Witze ironisieren inzwischen die Tatsache, dass mit Migranten oder Menschen, die fremd wirken, ein verkümmertes, auf Infinitive verkürztes Deutsch gesprochen wird und diese gern geduzt werden. So schildert Seyran Ateş die Begegnung mit einem Arzt auf dem Flur eines Berliner Krankhauses, in das ihre Mutter wegen starker Blutungen eingeliefert worden war. Auf ihre in klarem Deutsch gestellte Frage nach der Krankheitsursache antwortete er: «Du verstehen? Kinderkiste. Wo Kinder gemacht werden.» Dabei malte er mit seinen Händen eine rechteckige Kiste in die Luft. – Wer einen Sinn dafür entwickelt hat, kann allerorten diesen alltäglichen Rassismus beobachten. Die Kontrollen auf den Straßen und in den öffentlichen Verkehrsmitteln wählen zielsicher die jungen Fremden aus, die zudem häufig in demütigender Weise behandelt werden.

Erst allmählich begreifen wir, dass die mit uns lebenden Migranten und deren Kinder sich in unserer vermeintlich offenen Gesellschaft geistig-emotional unbehaust und von der Mehrheitsgesellschaft ausgeschlossen fühlen. Eine Mentalität der Unterlegenheit, ja der Minderwertigkeit gedeiht. Sie lässt die sich ausgegrenzt fühlenden Menschen nach anderen identitäts- und gemeinschaftsstiftenden spirituellen Welten Ausschau halten. Die Zuflucht zu fundamentalistischen Predigern bietet sich als ein Ausweg an. Zeichnen sich doch gerade die fundamentalistischen Spielarten von Religion dadurch aus, dass sie über Feindbilder verfügen, die das eigene Ego aufpolieren und die Vorherrschaft westlicher Normen infrage stellen.

2. Sprache und Integration

Die aus kultureller Zwietracht resultierenden Gewaltausbrüche haben die Politik herausgefordert, sich erneut und grundsätzlicher der Integration von Zuwanderern anzunehmen. Eigene Integrations- und insbesondere

Sprachkurse sollen den Zuwanderinnen und Zuwanderern helfen, sich in der deutschen Kultur und Politik zurechtzufinden und am gesellschaftlichen Leben teilzuhaben. Das Erlernen der deutschen Sprache ist ein notwendiges, wenn auch kein ausreichendes Mittel der Integration. Die Sprache ist, so belehrt das Bundesinnenministerium treffend die Zuwanderer und Zuwanderinnen, der Schlüssel für eine gelingende Integration. Die Maxime «Fordern und Fördern» macht deutlich, dass es einer wechselseitigen Anstrengung bedarf, wenn die Integration gelingen soll. Der erste Imperativ verlangt Überzeugungsarbeit und sollte nicht leichtfertig mit der Drohung von Ausweisung, Abschiebung und Entzug sozialer Leistungen verbunden werden. Wir sollten auch oder gerade im Umgang mit Erwachsenen nicht aus dem Auge verlieren, dass Zwang kein guter Lehrmeister ist.

Der Anspruch auf Einbürgerung darf allerdings von deutschen Sprachkenntnissen abhängig gemacht werden. Die gesetzliche Forderung ist Ausdruck staatlicher Souveränität. Aus dem verfassungsrechtlichen Verbot, jemanden wegen seiner Sprache zu benachteiligen, folgt nicht etwa die Verfassungswidrigkeit dieser Bedingung der Einbürgerung. Soll sie es doch dem künftigen Staatsbürger erleichtern, sich einzugliedern. In der Sache geht es um den politischen und gesellschaftlichen Zusammenhalt, nicht zuletzt auch um soziale Gerechtigkeit im Sinne von Chancengleichheit. Die Sprache eröffnet die Möglichkeit, sich mit einer Kultur, dem gesellschaftlichen Denken und Handeln der Mehrheit allmählich vertraut zu machen. Sie erst ermöglicht es, die Angebote auf dem Arbeitsmarkt zu erkunden, sich im beruflichen Leben zu behaupten und soziale Dienste in Anspruch zu nehmen.

Eine aktive Bürgerschaft ist ohne die Fähigkeit, sich sprachlich zu verständigen, kaum möglich. Für den Menschen ist es gleichermaßen wichtig, dass er sich seiner selbst vergewissert und sich in ein Verhältnis zu seinem sozialen Umfeld und zu seinem politischen Gemeinwesen setzt. Das gilt vor allem in der Staatsform der Demokratie. Wer von seinen staatsbürgerlichen Rechten und Pflichten wirksam Gebrauch machen will, muss nicht nur mit diesen vertraut sein. Er muss sich auch verständlich machen und andere verstehen können. In Rede und Gegenrede bildet sich die öffentliche Meinung heraus. Zwar pflegen nicht alle Bürger und Bürgerinnen politisch mitzuwirken. Doch darf erwartet werden, dass sie in der Lage sind, sich ein Bild von dem politischen Geschehen zu machen, auf dass sie ihre Rechte – wie das Wahlrecht – mit Verstand ausüben.

Das novellierte Zuwanderungsgesetz macht den Nachzug von Ehegatten von dem Nachweis einfacher Deutschkenntnisse abhängig. Schon in ihrem Heimatland müssen sie diese nachweisen. Ohne Zertifikat erhalten sie kein Visum. Über Sinn und Unsinn der Sprachtests für nachziehende Ehefrauen wird gestritten und von mehreren Seiten bereits der Gang nach Karlsruhe angekündigt. Ärger stiftet die Vorschrift, die jene Ausländer ausnimmt, die kraft ihrer Staatsangehörigkeit visumsfrei in die Bundesrepublik einreisen können. Dazu gehören zum Beispiel Staatsangehörige von Australien, Japan und Kanada. Diese unterschiedliche Behandlung ist prompt mit dem Vorwurf der Verfassungswidrigkeit quittiert worden. Vor allem verstoße der Staat gegen seine Pflicht, die Familie zu schützen.

Das Bundesverfassungsgericht hat bereits in früheren Jahren einen grundrechtlichen Anspruch auf Familiennachzug verneint, den Behörden aber aufgegeben, die ehelichen Bindungen zu berücksichtigen. Hier wird jedoch im Interesse der Integrationsfähigkeit des einreisenden Ehegatten lediglich eine erfüllbare Auflage gemacht. Zwar hört kaum jemand gern das Argument, dass etwas nur zu seinem Besten geschehe, selbst die muslimischen Frauen und Mädchen nicht, deren Alltag häufig von Gewalt und Ungleichheit geprägt ist. Das Schicksal vieler türkischer Frauen und Mädchen lehrt, dass Sprachlosigkeit und Hilflosigkeit eine tückische Verbindung eingehen können. Die Mitarbeiterinnen der Treff- und Informationspunkte für türkische Frauen und der Sozialdienste sowie die Rechtsanwältinnen, die in den familiären Konflikten tätig werden, können hier als beredte Zeuginnen dienen. Die Erfahrungen, die bisher mit der Integration von Ausländern – unabhängig vom Geschlecht – gemacht worden sind, zeigen deutlich, dass ohne ein Minimum an Sprachkenntnissen ein Hineinfinden in die Gesellschaft des Aufnahmelandes nicht möglich ist.

3. Deutschpflicht und Pausensprache

Unter den Stichworten «Deutschpflicht» und «Pausensprache» ist mit großer Anteilnahme der Öffentlichkeit das babylonische Sprachgewirr in Berliner Schulen diskutiert worden. In einer Berliner Realschule im Wedding waren Lehrer, Eltern und Schüler übereingekommen, nicht nur im Unterricht, sondern auch auf dem Schulhof, auf den Klassenfahrten und Wandertagen deutsch zu sprechen. Durch eine schlecht recherchierte Zeitungsmeldung war der unzutreffende Eindruck entstanden, dass es sich um eine angeordnete Deutschpflicht oder ein verordnetes Sprachenverbot handele. Erregungsbereite Zeitgenossen reagierten prompt mit Empörung, dem Vorwurf der Diskriminierung und der Behauptung, dass es ein Grundrecht auf Muttersprache gebe.

Wie gesagt, es geht nicht um die Sprachwahl im Unterricht. Dort wird die Landessprache gesprochen, auch in den Schulen der Berliner Bezirke, in denen geballt zugewanderte Familien wohnen. Wer dort einmal in das Klassenzimmer einer Grund- oder Hauptschule hineinhorcht, wird leicht feststellen, dass hier die deutschsprachige Kommunikation zu wünschen übrig lässt. Auch und gerade in der Schule offenbart sich die gescheiterte Integrationspolitik der vergangenen Jahrzehnte. Von einer «selbstgewählten Ausgrenzung der dritten Generation im Bildungswesen» ist die Rede. Wen wundert es, dass sich die aus Unverständnis und Missverständnis resultierenden Spannungen in Gewalttätigkeiten entladen, die dann, so treffend Vincent Thies, die Bestie der Fremdenfeindlichkeit füttern.

Wenn sich in einer solchen Situation die Lehrer, Eltern und Schüler auf eine gemeinsame Pausen- und Freizeitsprache verständigen, um weitere spielerische Lernmöglichkeiten zu schaffen, kann man nur Beifall zollen. Zumal sie wohl wussten, dass in der Bundesrepublik niemand gezwungen werden kann, deutsch zu sprechen. Es sei denn, es handelt sich um das Personal des öffentlichen Dienstes. Die Freiheit der Sprachwahl findet ihre Grundlage in dem Verfassungsrecht auf die freie Entfaltung der Persönlichkeit. Zudem untersagt das Grundgesetz, jemanden wegen seiner Sprache, seiner Heimat und Herkunft zu benachteiligen. Ein Verbot, die Muttersprache außerhalb des Unterrichts zu gebrauchen, würde in der Tat das Selbstgefühl des Schülers oder der Schülerin verletzen. Er oder sie fühlte sich in seinem Ausdrucksvermögen beeinträchtigt und in seiner Persönlichkeit missachtet.

Ein solches Verbot dürfte mangels wirksamer Kontrollmöglichkeiten auch wenig erfolgsträchtig sein. Es befördert eher den Widerwillen als die Einsicht, dass das Erlernen der Landessprache das Hineinfinden in die neue Lebenswelt der Mehrheitsgesellschaft erleichtert. Eine auf die Einsicht aller Beteiligten gegründete Empfehlung dagegen dürfte eher motivieren und Gefolgschaft finden und nicht als eine von oben verordnete Sprachfessel empfunden werden. Ist die freie Übereinkunft doch Ausdruck der Einsicht, dass eine – auch außerhalb des Unterrichts – gemeinsame Schulsprache das gegenseitige Verstehen, das Sprachvermögen und nicht zuletzt die späteren Berufsaussichten fördert.

4. Ein Grundrecht auf Muttersprache

Gibt es – wie es in dem Berliner Schulstreit behauptet worden ist – ein Grundrecht auf Muttersprache? Ist der deutsche Staat verpflichtet, Kindern aus Einwandererfamilien das Erlernen ihrer Herkunftssprache zu ermöglichen? Gibt es wenigstens eine Art Minderheitenrecht, das den Staat verpflichtet, Kultur und Sprache der zugewanderten Volksgruppen zu schützen und zu fördern? Weder das Grundgesetz noch andere deutsche Rechtsquellen geben eine Antwort auf diese Frage.

Zwar kennen einige der Länderverfassungen Schutz- und Fördermaßnahmen zugunsten von Minderheiten, wie die brandenburgische, die sächsische, die sachsen-anhaltinische und die schleswig-holsteinische. Aber diese gelten nur für «angestammte» Minderheiten, die – wie die Dänen, Friesen und Sorben – seit Jahrhunderten in Deutschland ansässig sind. Deren Kultur und

Sprache werden gefördert. So wird in ausgewählten Kindergärten und Schulen des Siedlungsgebiets Dänisch oder Sorbisch gesprochen. In Rundfunk und Fernsehen werden Sendungen in diesen Sprachen gebracht. Auch Chöre, Kulturvereine und andere ethnisch orientierte kulturelle Einrichtungen werden öffentlich gefördert.

Diese Minderheitenrechte kommen nur einer kleinen Zahl von weniger als 200 000 Menschen zugute. Die große Zahl der Migranten und deren Abkömmlinge dagegen genießen keinen vergleichbaren Minderheitsschutz, da sie nicht angestammt, sondern zugewandert sind. Ihre Sprache und Kultur werden lediglich toleriert, aber nicht gefördert. Auch in den Dokumenten des Europarats und der Europäischen Union sucht man vergebens nach einem ethnokulturellen Schutz der eingewanderten Minderheiten. Der Blickwinkel ist ebenfalls auf die nationalen Minderheiten verengt. Die zugewanderten Minderheiten werden zum Teil sogar ausdrücklich von den die Minderheiten schützenden europäischen Regelungen ausgeschlossen, wie etwa in der 1992 beschlossenen Europäischen Charta der Regional- und Minderheitensprachen.

Die Zurückhaltung kommt nicht von ungefähr. Die durch die Zuwanderung bedingte Vielsprachigkeit erzeugt nicht nur in der Bundesrepublik, sondern auch in den anderen europäischen Staaten Ängste und Spannungen. Diese lassen sich nicht schlicht mit Ausländerfeindlichkeit erklären. Vielmehr drückt sich in den Vorbehalten die Sorge aus, gegenläufige, unvereinbare Interessen könnten den sozialen Frieden und die Stabilität der Demokratien untergraben. Die Sorge der Aufnahmestaaten, die nationale Seele zu verlieren, steht in einem schwer auflösbaren Widerspruch zu dem Wunsch der Zuwanderer, das eigene kulturelle Erbe einschließlich ihrer Muttersprache wachhalten zu dürfen.

Nehmen wir das Grundgesetz beim Wort, so gibt es keine Verfassungspflicht des Staates, Sprache und Kultur der zugewanderten Minderheiten zu schützen und zu fördern. Zwar verbietet es unsere Verfassung, jemanden wegen seiner Sprache zu benachteiligen. Doch lässt sich aus diesem Diskriminierungsverbot kein Anspruch auf Unterricht in der Herkunftssprache ablesen. Da die Sprache ein wesentliches Handlungsinstrument des Rechtsstaats ist, so richtig Paul Kirchhof, sollte die Landessprache möglichst alle Staatsangehörigen und Einwohner zu einer Sprech- und Handlungsgemeinschaft verbinden. Die Lösung des Konflikts kann nicht darin bestehen, verfassungsrechtlich das Nebeneinander eigenständiger Kulturen zu organisieren. Das wäre der Boden, auf dem der Zerfall von Staatlichkeit gedeiht. Ein einklagbares Recht der zugewanderten und in der Bundesrepublik zerstreut lebenden Minderheiten auf Förderung und Pflege ihrer Muttersprache würde die Bundesrepublik angesichts der Tatsache überfordern, dass Migranten aus vielen Ländern der Welt hineinströmen. Man erinnere, dass in den Berliner Schulen zum Teil acht bis zehn verschiedene Herkunftssprachen gesprochen werden.

Dieser Sachverhalt schließt es aber nicht aus, zugewanderte Minderheiten darin zu unterstützen, ihr kulturelles Erbe und ihre Sprache zu pflegen. Auch für die Angehörigen der zugewanderten Minderheiten gilt die Humboldt'sche Einsicht, dass die Muttersprache der Königsweg zur Bildung der Persönlichkeit ist. Der mit dem Spracherwerb verbundene geistige Prozess bringt Selbstbewusstsein und ein kulturelles Wertesystem hervor. Demgegenüber wird die Abwehr des muttersprachlichen Unterrichts für Migrantenkinder als eine Geringschätzung der damit verbundenen kulturellen Sozialisation erfahren, die zu psychisch-sozialen Verletzungen bis hin zu Konflikten führt, wie wir sie täglich erleben. Auch für die Zuwanderer gilt, dass sie sich jenseits der Grenzen ihrer Heimat besser zurechtfinden werden, wenn sie auch in ihrer Herkunftskultur geistig-emotional verortet sind. Der Appell Goethes im Tasso: «Vergleiche dich, erkenne, was Du bist» gilt auch für Kinder aus Migrantenfamilien. Dieser Rückhalt erleichtert es ihnen, sich als Angehörige einer Minderheit in der Mehrheitskultur ihrer eigenen Identität zu vergewissern.

Es ist daher ein Gebot politischer Vernunft, vor allem den türkischstämmigen Einwanderern Wege zum Erlernen und Erhalt der Muttersprache zu eröffnen. Wir sollten nicht so unklug sein, den Migranten den Verlust ihrer Herkunftssprache zuzumuten und sie so ihrer Identität berauben. Hans-Jürgen Krumm hat auf dem Kongress «Die Macht der Sprache» zu Recht betont: «Beides ist nötig: Anreize zum Erwerb der deutschen Sprache und Angebote für den Erhalt und die Förderung der Herkunftssprachen. Denn der interkulturelle Dialog gelingt nur, wenn sich die Menschen in ihrer mehrsprachigen Identität akzeptiert fühlen.» Diese Einsicht hat in verschiedenen Schulen der Bundesrepublik bereits zu zweisprachigen Unterrichtsmodellen geführt, und das nicht nur an Schulen in freier Trägerschaft und auch nicht nur an Gymnasien. Bislang sind das allerdings Ausnahmen. Die Praxis in der Bundesrepublik ist sehr unterschiedlich. Nehmen wir das Beispiel Baden-Württemberg: Die Landesregierung will den muttersprachlichen Unterricht für Kinder aus Einwandererfamilien weiter fördern und gibt dafür 1,3 Millionen Euro aus. Die Herkunftsländer geben übrigens ein Mehrfaches dazu. Einige Gemeinden, wie beispielsweise Rastatt, weigern sich, Räume für den muttersprachlichen Unterricht der Einwanderer zur Verfügung zu stellen. Sie befürchten, dass der Unterricht in der Erstsprache schädlichen Einfluss auf den Deutscherwerb ausüben werde. Wer sich in dieser Frage wissenschaftlich unterrichten möchte, sieht sich an eine Bosheit Alfred Polgars erinnert, dass die Wissenschaft «der Macht Thesen und Hypothesen nach Bedarf» liefere und jeden gewünschten Beweis beizubringen im Stande sei. In einem Zeitungsartikel mit dem vielsagenden Untertitel «Nur Assimilation bringt auch Integration» wird eine soziologische Studie zitiert, wonach die Bedeutung des muttersprachlichen Unterrichts völlig überschätzt werde. Demgegenüber betonen amerikanische, österreichische und schweizerische Experten heute die Vorteile der frühkindlichen Mehrsprachigkeit. Gemeint ist damit insbesondere der Weg, die Herkunftssprache zu bewahren und gleichzeitig die Landessprache zu erwerben. Zwischen beiden Sprachen gilt es, didaktisch Brücken in der Einsicht etlicher Pädagoginnen und Sprachwissenschaftler zu bauen, dass die Kinder aus Migrantenfamilien die Zweitsprache besser erlernen, wenn sie ihre Muttersprache gut beherrschen.

Die PISA-Studien haben auf eindringliche Weise deutlich gemacht, dass die Lebenschancen der Migrantenkinder in hohem Maße durch mangelnde Lernhilfen vertan werden. Wir wissen, dass das Gleiche auch für deutschsprachige Kinder aus sozial benachteiligten Elternhäusern gilt. Die Ergebnisse verschiedener Studien über den Kindergartenbesuch zeigen, dass ein mindestens zweijähriger Besuch eines Kindergartens oder einer Vorschule das Niveau der Deutschkenntnisse beträchtlich steigern. Wahrscheinlich würden auch interkulturell qualifizierte Lehrkräfte und das Einbeziehen der Eltern zwar nicht Wunder, aber doch Fortschritte bewirken.

Vor allem würde es den Kindern aus zugewanderten Familien helfen, wenn die Lehrerinnen und Lehrer der Vor- und Grundschule ihrer Sprache mächtig wären. Das Erlernen der türkischen Sprache, d.h. der Sprache der weitaus größten Migrantengruppe in Deutschland, sollte mit Prämien oder einer höheren Gehaltsgruppe honoriert werden. Die Vorschläge kosten Geld, gewiss. Aber langfristig gedacht, wird sich das auszahlen; nicht nur im eigenen Lande, sondern auch im Verhältnis zum Herkunftsland der Migranten, insbesondere zur Türkei. Die Türkei hat im vorigen Jahr eine 2. Pflichtfremdsprache an den Gymnasien eingeführt. 90 % der Schüler und Schülerinnen wählen Deutsch. Sollte unsere junge Generation dieses Interesse nicht erwidern? Gleichgültig, in welcher Form die Türkei künftig mit der Europäischen Union zusammenarbeitet, ist sie in mehrfacher Hinsicht ein vielversprechendes Partnerland. Und zwar nicht nur aus sicherheitspolitischen, sondern auch aus kulturpolitischen Gründen. Beide Länder, Deutschland wie die Türkei, könnten angesichts der aus-, ein- und rückwandernden Migranten einen wechselseitigen Lernprozess in Gang setzen, der die aus sprachlicher und kultureller Vielfalt resultierenden Probleme auf nationaler wie auf binationaler Ebene zu meistern versucht. Das wäre ein paradigmatisches Projekt.

V. Deutsch als Fremdsprache

1. Der Traum von der Weltsprache

Der Traum von der Weltsprache ist für die deutsche Sprache ausgeträumt. Je nüchterner wir uns das eingestehen, desto realistischer lässt sich über deren Zukunft nachdenken. Die Statistik belegt, dass die englische Sprache gegenwärtig europa- und weltweit die Lingua franca ist. Zwar wird auch die deutsche Sprache weltweit gesprochen. Blicken wir auf die Welt aus der Sicht Europas, dann bilden die Goethe-Institute ein weltweites Netz, das von den Instituten in Tokio, Wellington, Johannesburg, Santiago de Chile, Helsinki und St. Petersburg umrandet wird. Aber Weltsprache im Sinne einer allgemeinen internationalen Kommunikationssprache ist Deutsch nicht. In Europa ist die deutsche Sprache die am häufigsten gesprochene Muttersprache. Aber 90% der Schüler der Sekundarstufe lernen in Europa Englisch als erste Fremdsprache. Wohl rangieren die deutsche und die französische Sprache auf dem zweiten Platz, aber mit einem erheblichen Abstand hinter der englischen.

Ob einer Sprache der Status der Weltsprache zuwächst, hängt nicht allein davon ab, mit welcher Häufigkeit sie als Muttersprache gesprochen wird. Dann hätte Mandarin das Rennen auf der Weltbühne gemacht. Für den Erfolg des Englischen dürfte gleichwohl nicht unerheblich sein, dass diese Sprache in sieben eben nicht unbedeutenden Staaten der Welt als Muttersprache gesprochen wird. Der englischen Sprache ist die Rolle der Lingua franca nicht wegen ihrer Ausdruckskraft, Einfachheit oder Schönheit zugefallen, obwohl Englisch in dieser Hinsicht nichts zu wünschen übrig lässt. Die Weltgeltung der englischen Sprache ist ohne Zweifel ein Resultat von Macht. Zwei Faktoren waren es im Wesentlichen, die Englisch zur Weltsprache gemacht haben: die Expansion der britischen Kolonialmacht und die Entwicklung der USA zur führenden Wirtschaftsmacht des 20. Jahrhunderts. Bismarck soll 1888 gefragt worden sein, was er für den entscheidenden Faktor in der modernen Geschichte halte. Seine lakonische Antwort: dass die Nordamerikaner Englisch sprechen. Heute ist Englisch in vielen Staaten, vor allem in den ehemaligen Kolonien, trotz des Vorhandenseins indigener Sprachen die zweite Sprache oder die Amts- und Arbeitssprache. Auch wird sie am häufigsten weltweit als erste Fremdsprache gelehrt und gelernt.

Mit gezielter Sprachpolitik allein kann man sich auf dem Markt der Idiome nicht behaupten. Vielmehr hängt die Popularität einer Sprache von dem wirtschaftlichen und politischen Erfolg derjenigen ab, die sie sprechen. Auch herausragende künstlerische und wissenschaftliche Leistungen können eine Sprache lernenswert machen. Durch die Nachbarlande reisende Publikumslieblinge wie die Musikgruppe Tokio-Hotel, die deutsche Texte singt, entzünden schon einmal ein Strohfeuer und lassen manchen Teenager das örtliche Goethe-Institut stürmen. Der Wunsch ausländischer Politiker, mit der Bundeskanzlerin in Deutsch zu plaudern, verschafft dem Goethe-Institut schon eine treuere Kundschaft. Als Dauerbrenner aber erweist sich die deutsche Philosophie mit ihrer weit zurückreichenden und immer wieder fortgeschriebenen Tradition. Ein alter Philosoph hatte Andrei Plesu, einem rumänischen Philosophen und Politiker, einmal gesagt, dass er sich niemals werde wirklich gründlich mit der Philosophie auseinandersetzen können, wenn er nicht des Deutschen mächtig sei. Das mithilfe eines Humboldt-Stipendiums im Goethe-Institut Passau angeeignete Deutsch, so Andrei Plesu, habe sein Leben verändert. Auf diese kleine, nicht gering zu schätzende intellektuelle Klientel kann sich Deutsch als Fremdsprache seit jeher verlassen.

Anfang des 20. Jahrhunderts war Deutsch über die Philosophie hinaus Wissenschafts-Weltsprache. Deutschland hatte damals den Ruf, das in den Wissenschaften am weitesten fortgeschrittene Land zu sein. Das galt auch und gerade für die Naturwissenschaften. Die deutsche Sprache war – wenn wir dem Kulturredakteur Thomas Steinfeld Glauben schenken – in Europa die Gemeinsprache der modernen Geisteswissenschaften, nicht allein der idealistischen Philosophie, sondern auch der klassischen Philologie, der Geschichtswissenschaften, der Volkswirtschaft, der Soziologie und der Psychologie. Nicht nur die wissenschaftliche Stärke und die Arbeitstechniken der reformierten Universität hätten dazu beigetragen, sondern auch die Nähe der Wissenschaftssprache zur Literatur. Die literarisch geprägte Sprache habe die Wissenschaften hinausgeführt in die Öffentlichkeit. Ihre Staatsferne habe positiven Einfluss auf die Lesbarkeit ihrer Texte gehabt, so Thomas Steinfeld. Die allmählich abnehmende Distanz zu staatlichen Instanzen – so der Umkehrschluss – habe das Verhältnis der Wissenschaftssprache zur Literatur und damit die Lesbarkeit der akademischen Werke beeinträchtigt.

Wir sind um Beispiele für die These nicht verlegen, dass die Ausdrucksweise der Bürokratie der Schönheit und Klarheit der deutschen Sprache wenig zuträglich ist. Aber dass die Wissenschaftssprache ihre literarische Prägung und damit ihre Lesbarkeit wiedergewönne, wenn der deutsche Wissenschaftsbetrieb mehr Distanz zu staatlichen Instanzen wahrte, scheint mir wenig wahrscheinlich. Richtig ist, dass die mit dem Nationalsozialismus einhergehende nationale Überheblichkeit und die Vertreibung der jüdischen Gelehrten die deutsche Wissenschaft international isoliert haben. Wer die großen Namen der aus Deutschland und Österreich vertriebenen jüdischen Gelehrten und Literaten vor seinem geistigen Auge Revue passieren lässt, kann sich den Verlust der literarisch geprägten deutschen Wissenschaftssprache leicht erklären.

Doch bereits seit dem Ende des Ersten Weltkriegs ging es selbst in den Naturwissenschaften mit Deutsch als Wissenschaftssprache bergab und die englische Sprache holte auf. Mit Ausnahme einiger kleiner Fächer hat Deutschland seine prominente Stellung verloren. Folgt man Roswitha Reinbothe, so hat dieser Stellungsverlust der deutschen Sprache nichts mit einem Niedergang der deutschen Wissenschaft zu tun. Sie betrachtet diese Abkehr als eine Reaktion der internationalen Wissenschaft auf einen im Jahre 1914 von 93 deutschen Intellektuellen «an die Kulturwelt» adressierten Aufruf. In diesem leugneten viele namhafte Wissenschaftler und Künstler Deutschlands Kriegsschuld und die «zuchtlosen Grausamkeiten», die deutsche Soldaten in Belgien begangen haben sollten. Dieser in überheblichem und nationalistischem Ton verfasste Aufruf galt den Alliierten als Beleg für den Chauvinismus deutscher Wissenschaftler und führte zu einem Boykott auch der deutschen Sprache. Offenbar war der Aufruf ein willkommener Kulminationspunkt in den schwelenden Rivalitäten im internationalen Wissenschaftsbetrieb. Die Gegenreaktionen der deutschen Wissenschaftler fruchteten wenig. Als der Boykott im Jahr 1926 sein Ende fand, war die privilegierte Stellung des Deutschen als Wissenschaftssprache dahin. Ohne diesen militaristischen Aufruf und den darauf folgenden Boykott, so Roswitha Reinbothe, wäre der Aufstieg der USA als Wissenschaftsmacht und der englischen Sprache nicht möglich gewesen.

Militaristischer Ungeist hat den Verlust von Ansehen zur Folge. Hier sind wir um Beispiele bis in unsere Tage nicht verlegen. Der deutsche Sündenfall ist zudem nicht einmalig geblieben. Denken wir an das Verhalten vieler deutscher Kollegen bei der «Entjudung der Wissenschaft». Aber dass ein Aufstieg der USA zur Wissenschaftsmacht Folge jenes Boykotts sein könnte, ist wenig wahrscheinlich. Ohne Leistung ist Wissenschaftsmacht wohl nicht zu haben. Auf die Sprachwahl dagegen dürfte das charakterliche Versagen seiner Sprecher einen negativen Einfluss ausgeübt haben.

Nach dem Zweiten Weltkrieg, als die Vereinten Nationen und der Europarat gegründet wurden, war Deutschland wegen seines Rückfalls in die Barbarei kein gleichberechtigter Partner, der die eigene Sprache als eine der Amtssprachen in den internationalen Organisationen hätte empfehlen können. Deutschland hatte mit Auschwitz das Beispiel organisierter Grausamkeit gegeben, gegen das man sich mit vereinten Kräften künftig zur Wehr setzen wollte. Diese historische Schuld hat für Jahrzehnte die bundesrepublikanische Außenpolitik zur Bescheidenheit gemahnt. Nicht zuletzt auch deshalb, weil das menschenverachtende Denken des Nationalsozialismus vor der Sprache nicht haltgemacht hat.

2. In welchem Geiste wachsen Weltsprachen?

Wer eine sinnvolle Sprachenpolitik betreiben will, muss herausfinden, warum und wie sich eine Sprache behauptet und durchsetzt. Die Wahl der Sprache im internationalen Verkehr war und ist das Resultat vielfältiger Umstände. Die Häufigkeit, mit der eine Sprache als Mutter- und Fremdsprache gesprochen wird, spielt eine Rolle, wie auch die Zahl und Bedeutung der Staaten, in denen eine Sprache als Mutter- oder Amtssprache verwendet wird. Vor allem die politische Macht und die kulturelle Anziehungskraft wie wissenschaftliche und wirtschaftliche Erfolge können zu deren Weltgeltung führen. Die sich zuerst im Handels- und Wirtschaftsverkehr äußernde Notwendigkeit, sich über die Grenzen hinweg zu verständigen, hat dazu geführt, dass das Englische aufgrund der vorher genannten Umstände heute weitgehend als Lingua franca dient.

Nur am Rande sei erwähnt, dass die besondere Offenheit der Briten für verschiedene Kulturen den Aufstieg der englischen Sprache gewiss begünstigt hat. Es bedarf der Geistesgabe der Ironie und der Fähigkeit, sich in andere hineinfühlen zu können, um großmütig – wie die Engländer – zur Kenntnis zu nehmen, was die Welt aus der schönen englischen Sprache gemacht hat. Wer sich der englischen Rechtschreibung im Computer vergewissern möchte, bekommt bereits 19 nationale Varianten angeboten. Zum Vergleich: im Deutschen nur fünf. Nicht, dass dieser Umstand die Engländer nicht beschäftigte. Werden wir, so fragt Lord Watson, einen Punkt erreichen, wo wir nicht mehr fähig sein werden, das Englisch anderer Nationen und Kulturen zu verstehen? Das ist das Schicksal lebender Sprachen, dass sie sich mit dem Wechsel und Wandel der Kulturen verändern.

Wir Deutschen grämen uns über Denglisch. Die Briten haben es mit Chinglish, Hinglish, Singlish, Spanglish und einer Vielzahl anderer Mischgebilde der englischen Sprache zu tun. Da hilft wirklich nur die Erkenntnis, dass Englisch nicht länger als *eine* Sprache verstanden werden kann, sondern als eine Familie von Sprachen. Wenn englische Sprachforscher hier von amüsanten Entstellungen (amusing corruptions) der englischen Sprache sprechen, offenbart sich bereits, mit welcher Geisteshaltung sie diesen Mischformen aus aller Welt begegnen. Auf die Frage: Was tun?, antworten britische Sprachwissenschaftler sehr pragmatisch: Man solle diese amüsanten Entstellungen als Varianten betrachten, die Elemente anderer Kulturen transportieren und ihren Nutzern eigene Idiome zur Verfügung stellen. Die Mischformen lediglich als Abweichung, als Defizit zu betrachten erscheint den britischen Sprachexperten als ein wenig demokratischer Standpunkt. Dem folgt ein Appell für die Entwicklung von mehr interkultureller Kompetenz (for enhanced skills in cultural literacy). Diesem kann man sich nur kommentarlos anschließen.

3. Eine neue sprachliche Weltordnung?

Ob diese Weltoffenheit die englische Sprache für alle Zeiten als Weltsprache konkurrenzlos macht, ist eine von den Briten selbst gern gestellte Frage. Wenn es stimmt, dass der Status einer Sprache eng mit politischer, wirtschaftlicher und kultureller Macht verknüpft ist, dann muss sich mit diesen Faktoren auch die Hierarchie der Sprachen ändern. Der wirtschaftliche Aufstieg so bevölkerungsreicher Länder wie China und Indien könnte für diesen Zusammenhang erste Anhaltspunkte bieten. Man schätzt, dass bereits 30 Millionen Menschen Mandarin als Fremdsprache lernen. Die chinesische Regierung erwartet, dass sich die Zahl in den nächsten Jahren auf 100 Millionen erhöhen werde. Europäischen Vorbildern folgend, betreibt China gegenwärtig eine dynamische auswärtige Kulturpolitik. Es hat schon eine Reihe von Konfuzius-Instituten eröffnet, auch in Deutschland, das erste allerdings in Seoul. Vor allem in Asien steigt wegen der wachsenden wirtschaftlichen Bedeutung Chinas das Interesse am Erlernen des Mandarin. Südkoreas Handelsverkehr mit China übersteigt bereits den mit den USA.

Gestatten wir uns noch einen Seitenblick auf Brasilien, das ebenfalls zu den jungen aufstrebenden Ökonomien gehört. In einem 2005 erlassenen brasilianischen Gesetz wird allen Sekundärschulen aufgegeben, Spanisch als Fremdsprache anzubieten und den Schülern die Wahl zwischen Englisch und Spanisch freizugeben. Es geht dabei um 9 Millionen Schüler. Hier bahnt sich eine Konkurrenz zwischen der spanischen und der englischen Sprache auf dem Feld des Fremdsprachenerwerbs an. Die englische Sprache wird sich ihre Rolle als Lingua franca bald mit anderen Sprachen teilen müssen. In einem vom British Council in Auftrag gegebenen Bericht über die Zukunft des Englischen wird vorausgesagt, dass diese Sprache ihr Monopol nicht halten, sondern Teil eines Oligopols mit einigen anderen Sprachen sein werde, wobei jede Sprache ihre Einflusssphäre haben wird. Voraussagen für das Jahr 2050 prophezeien, dass die chinesische Sprache Mandarin, Hindu/Urdi, Englisch, Spanisch und Arabisch die großen internationalen Sprachen sein werden.

Wie steht es nach diesen Voraussagen um die Zukunft des Deutschen? Nicht gerade rosig. Die deutsche Sprache wird zwar in dem Bericht noch als vorherrschende regionale Sprache Europas bezeichnet, sie werde aber – so die Voraussage – im Jahr 2050 nicht einmal mehr den Status einer Regionalsprache haben.

Voraussagen über die Hierarchie von Sprachen in über 40 Jahren beschreiben keine Wirklichkeiten, sondern stellen Mutmaßungen auf der Basis gegenwärtiger Trends dar. Sollte sich zum Beispiel ein Kollaps der Globalisierung ereignen, was schon vorausgesagt worden ist, oder sollten die Schwellenländer ihre Volkswirtschaften nicht auf hohem Wachstumskurs halten können, dann wird neu gemutmaßt werden. Das kann jedoch kein Trost für diese enttäuschende Voraussage sein, auch nicht die Tatsache, dass der französischen Sprache kein besseres Schicksal prophezeit worden ist. Da solche Prognosen auf der Basis bestimmter Annahmen gemacht werden, ist es unserer besonderen Aufmerksamkeit wert herauszufinden, warum ein Land wie Deutschland trotz seines ökonomischen, politischen und demografischen Gewichts nicht in der Lage sein sollte, seine Sprache als Europasprache zu behaupten.

4. Die deutsche Sprache in der Europäischen Union

Auf den ersten Blick berechtigen die offiziellen Sprachregeln der Europäischen Union zu großen Erwartungen. Seit ihrer Gründung bis zum heutigen Tag sind alle offiziellen Sprachen der Mitgliedstaaten gleichberechtigt. Weder die Größe, die Bevölkerungszahl noch die Wirtschaftskraft der Mitgliedstaaten sollten eine Rolle spielen. Rechtlich betrachtet, ist Deutsch eine von 23 gleichberechtigten Amts- und Arbeitssprachen der Union. Doch die Wirklichkeit sieht anders aus.

Jede Institution bestimmt ihre Sprachpraxis selbst. Im Gerichtshof in Luxemburg wird Französisch gesprochen. Im Europaparlament sind alle Sprachen zugelassen. Hier kommt der deutschen Sprache zudem die große Zahl der deutschsprachigen Abgeordneten zustatten. Die Europäische Kommission dagegen kennt Arbeitssprachen. Das sind die englische und die französische. 1993 ist die deutsche Sprache zur dritten internen Arbeitssprache gewählt worden. Daraus haben unsere Landsleute in Brüssel leider kaum Kapital zu schlagen vermocht. Die deutsche Sprache spielt im Brüsseler Alltag so gut wie keine Rolle. Auch durch die Erweiterung der Union und die damit zunehmende Bedeutung der deutschen Sprache als Fremdsprache hat sich das nicht grundlegend geändert. Nur dass man hin und wieder einen ermutigenden Aufruf von einem Kommissar aus Ost- und Mitteleuropa erhält, doch mehr für die deutsche Sprache zu tun.

Nach dem letzten Eurobarometer zu den Sprachen Europas ist die deutsche Sprache mit rund 83 Millionen Sprechern die am häufigsten gesprochene Muttersprache in der Europäischen Union. Rund 63 Millionen Menschen sprechen Deutsch als Fremdsprache. Hier hat die deutsche Sprache den Vorsprung der französischen Sprache aufgeholt. Beide teilen sich nunmehr den zweiten Platz auf der Liste der in Europa am häufigsten gelernten Fremdsprachen. In der alltäglichen Arbeit in der Kommission und ihren Arbeitsgruppen pflegt sich aber die französische Sprache ungleich besser zu behaupten. Das ist angesichts der unaufhörlich wachsenden Vorherrschaft des Englischen wirklich nicht einfach. Man ist den Gründen nachgegangen, und hier offenbart sich eine alte Volksweisheit, dass, wer seine Rechte wahren will, wacher handeln muss. Erfolgreich haben sich die Franzosen für Brüssel, Luxemburg und Straßburg als Sitz für die wichtigsten Institutionen starkgemacht, für Orte also, an denen im öffentlichen Dienst vorzugsweise französisch gesprochen wird. Sie betreiben nicht nur eine intelligente Personalpolitik, sondern kontrollieren streng den Gebrauch der französischen Sprache.

Wenn man es in diesem Punkte an Eifer fehlen lässt, darf man sich nicht wundern, dass uns Deutschen auch die im Jahre 2000 mit den Franzosen verabredete Sprachanweisung wenig bringt, die den Gebrauch beider Sprachen als Amts- und Arbeitssprache sicherstellen soll. Zwar haben die damaligen Außenminister Védrine und Fischer 2001 den Vorschlag Neil Kinnocks abgewehrt, Arbeitspapiere für Beratungen künftig nur noch in Englisch vorzulegen. Doch die deutsche Regierung scheint nicht einmal stark genug, um in den Institutionen, die in unserem Lande sesshaft sind, Deutsch als eine der Arbeitssprachen durchzusetzen. Man spricht Englisch, und zwar ausschließlich, in der in Frankfurt residierenden Europäischen Zentralbank. Dass auch die Erweiterungsverhandlungen von einem deutschen Kommissar weitgehend in Englisch geführt worden sind, das ist in der Tat – da schließe ich mich Claude Truchot an – ein schlechtes Omen für die Zukunft.

Arglos stellen wir Deutschen David Graddols These unter Beweis, dass Englisch in Europa gar keine Fremdsprache mehr sei, sondern zu der Liste der grundlegenden Fähigkeiten zähle, die jeder besitzen müsse, der das Leben in der heutigen Zeit meistern wolle. Fangen wir doch mit «one, two, three» heute schon im Kindergarten an, was im Grundsätzlichen eine gute Idee ist. Aber es könnte munter abwechselnd in dem einen oder anderen der deutschen Länder auch «un, deux, trois» oder «uno, dos, tres» sein, um den Kleinen schon einmal eine Idee von der Vielsprachigkeit in Europa zu verschaffen. In einigen Berliner Bezirken wie in anderen deutschen Vorstädten böte sich auch «bir, iki, üç» an, nicht nur um die Sprachenvielfalt im eigenen Lande zu veranschaulichen, sondern auch, um Interesse für diese für uns innen- wie außenpolitisch so wichtige Fremdsprache zu schaffen.

Gäbe es nicht die Lichtblicke einer in Brüssel Deutsch sprechenden Kanzlerin und den Protest des Bundestags wegen der fehlenden Übersetzung Brüsseler Texte in die deutsche Sprache, man könnte schier verzweifeln über so viel Liebedienerei. Aber es ist noch nicht zu spät für eine Umkehr. Und es gibt auch Lichtstreifen am Himmel. Außenminister Steinmeier und sein Amt schenken der Sprachpolitik eine besondere Aufmerksamkeit. Im Koalitionsvertrag ist ausdrücklich verabredet worden, dass sich die Bundesregierung aktiv und regelmäßig dafür einsetzen werde, das Deutsche in der Europäischen Union zu stärken. Nicht nur, dass die Ministerialbürokratie, der diplomatische Dienst und die in den Institutionen arbeitenden deutschen Landsleute ausdrücklich Besserung geloben. Im Auftrag der Europäischen Union und des Auswärtigen Amtes unterrichtet das Goethe-Institut gegenwärtige und zukünftige Bedienstete der Europäischen Union in deutscher Sprache und Landeskunde. Überdies sollen hochstehende Repräsentanten unseres Staates im Ausland in deutscher Zunge redend Signale aussenden.

Ein Katalog von Maßnahmen wird im Einklang mit dem Bundestag weiterentwickelt, der eine verstärkte Zusammenarbeit mit den anderen Mitgliedstaaten der Europäischen Union vorsieht. Auch soll die Zivilgesellschaft mit einbezogen werden. Wie schön wäre es doch, wenn prominente Vertreter der Wirtschaft, der Wissenschaft und Kultur es der Kanzlerin gleichtäten und einmal auf der internationalen Bühne in der Sprache Goethes, Kants und Einsteins parlierten. Übrigens sprach der Letzte ein scheußliches Englisch, hat aber gleichwohl einen Nobelpreis gewonnen. Ja, das waren noch Zeiten, als deutsche Geistesgrößen ohne proficiency in English international wahrgenommen wurden!

5. Mehrsprachigkeit in Europa

Aber statt von alten Zeiten zu träumen, sollten wir einmal über den Tellerrand schauen und zur Kenntnis nehmen, dass auch die anderen Europäer ihre Sprache lieben. Zu den Werten Europas gehört seit jeher die Vielfalt seiner Kulturen und Sprachen. Die Sprache dient nicht nur als Ausdrucksmittel. In Schrift gekleidet, bezeugt sie das kulturelle Erbe der Menschheit. Die Vielfalt der europäischen Kulturen spiegelt sich in den Sprachen wider. Diese geben zugleich Auskunft darüber, was die jeweilige Zeit und Gesellschaft bewegt. Die Sprache ist daher ein wichtiges Element der persönlichen, sozialen und kulturellen Identität der Menschen. Zwischen allen Sprachen besteht – wie Andrei Plesu es treffend ausgedrückt hat – ein Verhältnis gegenseitiger Überlegenheit, weil sie alle etwas Wertvolles und Unvergleichliches haben. Sie sind darum auch alle gleichwertig und gleich wichtig. Das Bildungsziel der Mehrsprachigkeit ist ein Weg, die Vielsprachigkeit Europas zu bewahren. Die Europäische Union hat sich diesem Erziehungsideal verschrieben und das Jahr 2008 dem interkulturellen Dialog und damit auch der Mehrsprachigkeit gewidmet.

Manch einem erscheint das Postulat der Mehrsprachigkeit als störendes nationalistisches Relikt im Mosaik der künftigen europäischen Kultur. Der Vorwurf verkennt das Besondere der europäischen Integration. Die Mitgliedstaaten und deren Völker wollen die Union nicht nach dem Modell des Nationalstaats zimmern. Die historisch gewachsenen Nationalstaaten werden das Fundament der Europäischen Union bleiben. Der Reformvertrag hat das Politikziel des Verfassungsentwurfs übernommen, dass die Union den Reichtum ihrer kulturellen und sprachlichen Vielfalt zu wahren und für den Schutz und die Entwicklung des kulturellen Erbes Europas zu sorgen hat. Zum Glück ist sich die Mehrheit der europäischen Eliten aus Kultur und Politik einig, dass Mehrsprachigkeit intellektuellen Reichtum verbürgt, bereichert die Sprachenvielfalt doch das Vorstellungsvermögen von Welt und Wirklichkeit und lehrt durch das Erlernen fremder Sprachen zugleich, «aus welchem Stoff die Verschiedenheit und Fremdheit gemacht ist» (Harald Weinrich).

Die Frage, warum die europäischen Bürger und Bürgerinnen künftig mehr als eine Sprache sprechen und verstehen sollten, ist schnell beantwortet. Die Mehrsprachigkeit soll sie ermutigen, sich Menschen anderer Kulturen zu öffnen, die eigenen geistigen und muttersprachlichen Fähigkeiten zu stärken, und es ihnen ermöglichen, in einem anderen Mitgliedsstaat zu arbeiten oder zu studieren. Davon verspricht sich die Union eine zufriedene und aktive Bürgerschaft und nicht zuletzt auch einen besseren gesellschaftlichen Zusammenhalt. Über die Grenzen unseres Kontinents hinaus denkend, hofft man, mit besseren Fremdsprachenkenntnissen auch die internationale Zusammenarbeit zu verbessern. Was sagen uns unsere nordamerikanischen Freunde immer wieder? «The Europeans should realize that until they start speaking with one voice, they will have little influence.»

Wir dürfen diese richtige Erkenntnis nicht missverstehen, indem wir Stimme mit Sprache gleichsetzen. Aber der auf Einfachheit, Schnelligkeit und Sparsamkeit bedachte Bürger fragt uns schon, warum wir diese Ziele nicht mit der Lingua franca erreichen wollen, ist doch die Anziehungskraft des Englischen auf junge Leute eine wohl erforschte Tatsache. Die Hohe Gruppe der Linguisten, die im Auftrag der Kommission die Vorzüge der Mehrsprachigkeit zusammengetragen hat, ist um eine Antwort nicht verlegen: Das Erlernen mehrerer Sprachen verbessere angesichts der Freizügigkeit und Mobilität nachhaltig die Einsetzbarkeit auf dem Arbeitsmarkt. Die Kenntnis mehrerer Sprachen sei eine gute Grundlage für das Erlernen zusätzlicher Sprachen, wenn die Notwendigkeit das herausfordert. Was die Mehrsprachigkeit allein dem menschlichen Hirn verheißt, ist der Freude wert: Es reicht von der Konzentration über das Wahrnehmungs- und Kritikvermögen bis hin zur Problemlösungsfähigkeit; die kognitive Entwicklung des Kindes und der Erhalt der geistigen Frische im Alter seien nicht vergessen (High Level Group on Multilingualism).

Was das Beherrschen mehrerer Sprachen gegenüber der Einsprachigkeit im Sinne eines «Basic English» entscheidend auszeichnet, ist die damit gewonnene interkulturelle Kompetenz. Damit ist die Fähigkeit gemeint, sich in den jeweils anderen hineinzuversetzen. Das kann nur glücken, wenn die Partner einander verstehen und für die Lebensweisen und Erfahrungen des jeweils anderen aufgeschlossen sind. Auf die Bereitschaft kommt es an, selbstkritisch das eigene Denken, Wissen und Handeln infrage zu stellen und sich auf einen wechselseitigen Lernprozess einzulassen. Das Bildungsziel der Mehrsprachigkeit in diesem Sinne verstanden, zielt auf Unionsbürger, die sich von kultureller Vielfalt nicht einschüchtern, sondern herausfordern lassen. Der Mensch des 21. Jahrhunderts muss mehrere, d.h. aber auch unterschiedliche und mitunter einander widersprechende Zugehörigkeiten in seinem Kopfe zulassen können. Ich muss mich sowohl als Berlinerin, Deutsche und zugleich auch als Unionsbürgerin begreifen und die damit verbundenen Interessengegensätze aushalten, wenn nicht gar klug harmonisieren können.

Offensichtlich hat die Kommission ihr Sprachprojekt nicht ohne die Menschen, insbesondere nicht ohne die Jugend gemacht. Eine von der Europäischen Kommission in Auftrag gegebene Umfrage aus dem Jahr 2007 zur Bereitschaft, neue Sprachen zu lernen, hat erfreuliche Ergebnisse erbracht. Eine große Zahl der Unionsbürger, überproportional die Gruppe der Jüngsten, ist bereit, eine andere Sprache zu lernen. Vornean stehen die Schweden, Dänen und Letten. Die Deutschen finden sich Seite an Seite mit den Engländern und Franzosen im oberen Mittelfeld. Erwartungsgemäß spielen die berufliche Karriere und der Wunsch eine Rolle, im Urlaub zurechtzukommen. Erstaunlich ist jedoch, wie überaus häufig die eigene Zufriedenheit und das Interesse, Menschen aus anderen Kulturen kennenzulernen und verstehen zu können, genannt worden sind. Die europäische, nationale und regionale Bildungspolitik trifft hier auf ein geneigtes und lernbegieriges Publikum.

6. Ein Exkurs: Die persönliche Adoptivsprache

Eine von dem Präsidenten der europäischen Kommission und dem Kommissar für Mehrsprachigkeit, Leonard Orban, eingesetzte Gruppe von Intellektuellen hat sich Gedanken darüber gemacht, wie man diese Lernbereitschaft auf den Weg zum interkulturellen Dialog führen kann. Die Idee der persönlichen Adoptivsprache ist dem Kopf ihres Vorsitzenden Amin Malouf entsprungen und von der Gruppe, der anzugehören ich die Ehre habe, begeistert aufgenommen worden. Sie erscheint uns als ein Konzept, das zum gesellschaftlichen Zusammenhalt in der Europäischen Union beizutragen vermag.

Frei sollen jeder Europäer und jede Europäerin eine besondere Sprache wählen können, die sich sowohl von der Mutter- als auch der internationalen Verkehrssprache unterscheidet. Während die Wahl der letzten weitgehend von den Bedürfnissen der Kommunikation diktiert werden dürfte, sollte die Entscheidung für die persönliche Adoptivsprache eher von persönlichen Beweggründen geleitet werden, etwa von der Familiengeschichte, der geografischen Nachbarschaft, emotionalen Bindungen, beruflichen Interessen und intellektueller Neugier. Hinter dem Konzept steht die Einsicht, dass sich der europäische Gedanke nicht nur auf die gemeinsamen Grundwerte des modernen Verfassungsstaats stützt. Die europäische Idee gründet sich auch auf die Unterschiedlichkeit der Sprachen und Kulturen. Jede Sprache – und sei die sie sprechende Sprachgemeinschaft noch so klein – ist Trägerin eines Gedächtnisses, eines kulturellen Erbes und einer besonderen Ausdrucksfähigkeit. Darum ist keine verzichtbar. Jede sollte mit Hilfe bilateraler Bande bewahrt werden.

Ein mögliches Missverständnis sei von vornherein ausgeräumt: Es geht bei dem Plädoyer für eine persönliche Adoptivsprache nicht darum, der englischen Sprache ihre Rolle als Instrument der weltweiten Kommunikation streitig zu machen. Die gegenwärtig herrschende Rivalität zwischen der englischen und den anderen europäischen Sprachen soll mit dem zweifachen, aber unterschiedlich intensiven Spracherwerb gerade überwunden werden. Was übrigens nicht ausschließt, dass der eine oder die andere die englische Sprache als persönliche Adoptivsprache in der Absicht wählt, über das «basic english» hinauszugelangen. Für die englische Sprache ist es gleichermaßen oder sogar besonders wichtig, dass sie ihre Stellung als Kultursprache behauptet und bewahrt, statt auf ihre Rolle als Instrument der internationalen Kommunikation festgelegt und verkürzt zu werden.

Auf den ersten Blick mag es absurd erscheinen, dass sich ein Gefühl der Zusammengehörigkeit auf sprachliche und kulturelle Vielfalt gründen sollte. Wer wollte die Sprengkraft leugnen, die aus der kulturellen Vielfalt resultiert? Eingedenk der Tatsache, dass sprachliche, kulturelle und ethnische Vielfalt zugleich Quelle von Reichtum, aber auch von Spannungen ist, möchte die Intellektuellengruppe die positiven Auswirkungen der Vielsprachigkeit Europas stärken. Leitend ist die Zuversicht, dass eine bewusst gelebte kulturelle Vielfalt als mächtiges Gegengift gegen nationalistisch übersteigerte Identitäten wirken möge, die wiederholt zu zerstörerischen Kriegen geführt haben.

Das Erlernen der persönlichen Adoptivsprache soll mit einem Vertrautwerden mit der Kultur, der Literatur, der Geschichte, der Gesellschaft und mit den politischen Institutionen des Landes einhergehen, in dem die jeweilige Sprache gesprochen wird. Dieser vertiefte Spracherwerb zielt auf die Bildung der Persönlichkeit. Er trägt dazu bei, die Bereitschaft und die Fähigkeit zu entwickeln, sich in anderen Regionen und Geisteswelten zurechtzufinden. Nicht nur die Muttersprache hilft dem Menschen, sich seiner Eigenart zu vergewissern. Auch das Erforschen eines anderen sprachlichen und kulturellen Universums eröffnet neue Wege der Selbsterkenntnis. Mit den Worten «Vergleiche dich! Erkenne, was du bist!» regt Antonio Tasso zum Reisen an. Denn «inwendig», so fährt Antonio fort,

«Lernt kein Mensch sein Innerstes
Erkennen; denn er misst nach eigenem Maß
Sich bald zu klein und leider oft zu groß.
Der Mensch erkennt sich nur im Menschen, nur
Das Leben lehret jedem, was er sei.»

Hinter dem Konzept der persönlichen Adoptivsprache steht letztlich ein neues Menschenbild, nämlich das Ideal eines weltoffenen Unionsbürgers, der Brücken zwischen der Kultur seines Herkunftslandes und der anderer Gemeinden, Regionen und Länder zu schlagen weiß.

Was die Frage der konkreten Praxis angeht, sind der Einfallsfreude der Bürger und Bürgerinnen, der Kommunalbeamten und Lehrerinnen, der Schulbehörden und der Politik keine Grenzen gesetzt. Wohl dürfte die Idee der persönlichen Adoptivsprache ohne den entschlossenen Einsatz der europäischen Verantwortlichen nicht die erwünschte Wirkung erzielen. Doch sollten die Pläne für bilaterale Projekte auch «an der Basis», vermehrt auch auf der Ebene der Bürger und Bürgerinnen geschmiedet werden. Handelt es sich doch um eine lohnende Aufgabe für zivilgesellschaftliche Initiativen. Bilaterale Institutionen, Stiftungen, Vereine und Partnerschaften, die zwischen Städten, Stadtvierteln, Schulen oder gar Dörfern begründet werden, könnten allmählich ganz Europa mit einem engmaschigen Geflecht überziehen.

Ein phantasievoller Umgang mit der Sprachenvielfalt kann, so das Fazit der Intellektuellengruppe, das Selbstverständnis als europäischer Bürger fördern und einen Beitrag zu einem harmonischen Zusammenleben der Kulturen leisten. Nicht zuletzt könnte er dem Projekt der europäischen Integration wieder neuen Schwung verleihen.

7. Ein Sprachenregime für die Europäische Union

Bei dem Hohen Lied auf die Mehrsprachigkeit sei ein schwerwiegender Einwand nicht vergessen, nämlich der, dass sich die Vielzahl der Sprachen in der Arbeit der Kommission als beschwerlich und kostspielig erweist. Seit dem Beitritt Bulgariens und Rumäniens gibt es 23 offizielle Sprachen in der Union. Alle offiziellen Dokumente sind in diese Sprachen zu übersetzen. Man muss kein Rechenkünstler sein, um zu wissen, was das für den Sprachendienst der Europäischen Union bedeutet. Kein Wunder, dass wieder der Ruf laut wird, sich angesichts dieser Sprachenvielfalt für das Englische als alleinige Arbeitssprache in der Europäischen Union durchzuringen.

Gegenwärtig sind 506 Sprachkombinationen abzudecken. Die europäischen Institutionen beschäftigen zusammen 800 Konferenzdolmetscher und bedienen sich darüber hinaus aus einem Pool von 2700 freiberuflichen Dolmetschern. Es ist kaum möglich, genügend Sitzungsräume mit der entsprechenden Zahl von Kabinen bereitzustellen. Damit dürfte die Frage nach dem institutionellen Sprachenregime alsbald wieder auf der Tagesordnung stehen. Hier geht es nicht so sehr um eine Finanzfrage, sondern um ein eminent politisches Thema, das wie kaum ein anderes mit Emotionen belastet ist. Es ist wenig wahrscheinlich, dass die Kommission die Frage von sich aus aufnimmt. In der gegenwärtigen Situation, da sich der in Lissabon ausgehandelte Reformvertrag auf dem Wege der Ratifikation befindet, wird niemand diese Zerreißprobe wagen. Die Aufmerksamkeit, die gegenwärtig dem Unionsziel der Mehrsprachigkeit gewidmet wird, soll gewiss nicht von der

Notwendigkeit eines eingeschränkten Sprachenregimes ablenken als vielmehr den Boden für ein kluges Übereinkommen bereiten.

Das Bildungsziel der Mehrsprachigkeit ist ein normatives Konzept und kein Sprachenregime für die alltägliche Arbeit. Das Gleiche gilt für das in den Reformvertrag übernommene Unionsziel, den Reichtum der kulturellen und sprachlichen Vielfalt zu wahren. Dieses Politikziel ist jedoch nicht ohne Einfluss auf ein künftiges Sprachenregime. Es setzt Grenzen und schließt Lösungen aus, die Sprachen gefährden, diese etwa zu Freizeitsprachen herabsetzen könnten. Sprachen sterben nicht aus, aber sie verkümmern allmählich, wenn sie in bestimmten Berufsbereichen nicht mehr zu Wort kommen. In der Europäischen Union, die dem Prinzip der Gleichheit und der kulturellen wie sprachlichen Vielfalt verpflichtet ist, muss alles darangesetzt werden zu verhindern, dass Gerhard Stickels pessimistisches Zukunftsbild Wirklichkeit wird. Er befürchtet, dass in fünfzig bis siebzig Jahren die europäischen Hochsprachen nur noch in Folklore-Nischen ihr Dasein fristen werden. Deutsch, Französisch und Italienisch werde nur noch in der Familie, mit Freunden und in der Freizeit gesprochen werden. Wenn dagegen Wichtiges zu tun sei, werde eine Art «kreolisiertes Englisch» gesprochen werden. Diese Sorge dieses engagierten und kenntnisreichen Sprachwissenschaftlers macht eines deutlich: Jeder Beruf, sei es das Bankwesen oder die Wissenschaft, der als Arbeitssprache exklusiv Englisch spricht und schreibt, trägt zum Verkümmern der jeweiligen Muttersprache bei. Wenn etwa – das sei erinnert – in wichtigen Tätigkeitsfeldern Englisch ausschließlich benutzt wird, dann sinken alle anderen Sprachen zu einer Provinzsprache ab, die mangels einer fortgebildeten Terminologie modernen Ansprüchen nicht mehr genügen kann.

Das Bekenntnis der Union zur kulturellen und sprachlichen Vielfalt schließt ein Sprachenregime aus, das die Einsprachigkeit zur Regel macht. Eine sprachliche Monokultur dürfte auch für die nationale Sprachpolitik der Mitgliedstaaten nachteilige Folgen haben. Die Gefahr ist nicht von der Hand zu weisen, dass die gewählte Sprache – höchstwahrscheinlich Englisch – von der Fremd- zur Zweitsprache avancierte und damit das Nischenschicksal so mancher europäischen Sprache eingeläutet würde.

Der demokratische Imperativ und das Gleichheitsprinzip verlangen, dass die Rechtstexte in die offiziellen Sprachen aller Mitgliedstaaten übersetzt werden. Nur auf diese Weise kann gesichert werden, dass alle nationalen Parlamente, die nach wie vor Quelle der demokratischen Legitimation sind, sich unmittelbar Kenntnis von jenen Dokumenten verschaffen können, die allgemeine Geltung beanspruchen und mit Aufträgen an den nationalen Gesetzgeber verbunden sind. Zugleich wird durch die Übersetzung der Rechtstexte in alle offiziellen Sprachen gewährleistet, dass deren Wortschatz auf dem Gebiet der Europapolitik mitwächst.

Welche Sprachen als interne Arbeitssprachen oder als Referenzsprachen gewählt werden, ist eine Sache der einstimmigen Entscheidung des Europäischen Rates. Aus Gründen der Praktikabilität und Wirtschaftlichkeit wird für eine möglichst kleine Zahl geworben: Drei, vier, höchstens fünf Sprachen erscheinen als wünschenswert und handhabbar. Kraft des im Reformvertrag bekräftigten Bekenntnisses muss sich die Sprachenvielfalt Europas im Sprachenregime der Union widerspiegeln. Das spricht nicht nur für eine großzügig bemessene Zahl der als Arbeitssprache zu wählenden Idiome. Das erfordert darüber hinaus Verfahrensregeln, die auch die Sprachen kleiner Länder zum Zuge kommen lassen; sei es abwechselnd oder zeitweise, bei bestimmten herausragenden Anlässen, wie das etwa bei Präsidentschaften zu beobachten ist. Der Fantasie sind hier keine Grenzen gesetzt. Jedenfalls können weder administrative Effizienz und Sparsamkeit noch das Argument ausschlaggebend sein, dass die sprachliche Vielfalt der ökonomischen Integration hinderlich sei. Eine solche Sichtweise widerspricht dem Unionsziel, die kulturelle und sprachliche Vielfalt zu wahren. Die Sprachforscher, insbesondere die Soziolinguisten und die Kulturwissenschaftler, werden gewiss nicht müde werden, die Politik über den Zusammenhang von Kultur und Sprache, über die Wechselbezüglichkeit von Globalisierung und nationaler Identität aufzuklären.

Die schwierige Frage, wie viele und welche Sprachen gewählt werden sollten, gilt es in europäischer, nicht in nationaler Perspektive zu beantworten. Denn welche Sprachgemeinschaft sähe nicht gern ihre Muttersprache als offizielle Europasprache? Wäre das Land auch noch so klein. Schließlich geht es dabei um die Überlebenskraft nationaler Kulturen. Die Niederländer haben immer wieder versucht, ihre Sprache zu einer der Arbeitssprachen zu machen. Schließlich gehören sie zu den Gründern der Europäischen Gemeinschaft. Der Misserfolg führt häufig dazu, dass die Enttäuschten zu erklärten Befürwortern der Einsprachigkeit werden. Schade; denn klüger wäre es, dass Hirn für einen Kompromiss zu strapazieren, der möglichst für alle Sprachgemeinschaften von Nutzen ist.

Die wirklich heikle Frage ist die nach den Kriterien, anhand deren die Auswahl zu treffen ist. Eine Reihe von Gesichtspunkten lässt sich dingfest machen: wie etwa das Argument, mit der Sprachenwahl wenigstens ansatzweise die Gründungsgeschichte und ein Stück politische Identität der Union widerzuspiegeln. Auch die Häufigkeit, mit der eine Sprache in der Europäischen Union als Muttersprache gesprochen und als Fremdsprache gelernt wird, sollte in Betracht gezogen werden wie die Rolle, die sie als Verkehrssprache spielt. Auch auf die Scharnierfunktion sollte es ankommen, also darauf, ob eine Sprache in mehreren Mitgliedstaaten der Europäischen Union gesprochen wird. Diese Kriterien sprechen in ihrer Zusammenschau – so treffend Peter A. Kraus – für die Trias Englisch, Französisch, Deutsch. Diese Sprachen werden in mehr als einem europäischen Land als Amtssprachen gesprochen und weisen schon von daher über den nationalstaatlichen Rahmen hinaus. Die wachsende Bedeutung der spanischen Sprache als Weltsprache wie die Tatsache, dass mit der polnischen Sprache auch eine slawische Sprache mit von der Partie sein sollte, könnten mit gutem Grund auch für eine Fünfergruppe sprechen.

Ein deutliches Plädoyer für die eigene Muttersprache ist Bürgerpflicht. Wir Deutschen werden von den auswärtigen Freunden unserer Sprache immer wieder ermahnt, dass wir es an Leidenschaft fehlen lassen. Von einer Präsidentin des Goethe-Instituts darf man erwarten, dass sie für die deutsche Sprache ein besonderes Wort einlegt. Sonst hätte sie ihr Amt verfehlt. Darum sei frei von nationaler Überheblichkeit mit Harald Weinrich gesagt, dass die deutsche Sprache «ein von intensiver Sprachkultur geformtes Werkzeug des Geistes ist», die als Sprache des modernen Verfassungsstaats, der Literatur, der Künste, der Medien und der Wissenschaften niemanden im Stich lässt, der sich in dieser vielschichtigen Welt verständlich machen will.

Für die deutsche Sprache spricht nicht nur der Faktor des demografischen Gewichts, sondern auch die Häufigkeit, mit der Deutsch als Mutter- und Fremdsprache gesprochen wird. Es sei noch einmal gesagt, dass in der Europäischen Union rund 83 Millionen Menschen

Deutsch als Muttersprache und seit der Osterweiterung rund 63 Millionen als Fremdsprache sprechen. In sieben Ländern hat Deutsch einen offiziellen Status. Auch ist der deutsche Sprachraum mit seinen 14 Sprachnachbarn ein Transit- und Austauschgebiet per excellence zwischen Nord und Süd und seit dem Fall des Eisernen Vorhangs auch zwischen Ost und West. Letztlich wird man auch das ökonomische Gewicht eines Mitgliedstaates ins Feld führen dürfen. Auch in dem Hinweis darauf, dass Deutschland der größte Nettozahler der Europäischen Union ist, äußert sich kein nationales Vormachtstreben. Mit dieser Last der deutschen Vergangenheit haben sich die Menschen in der Bundesrepublik in den zurückliegenden Jahrzehnten glaubwürdig auseinandergesetzt und deutlich gemacht, dass die Verantwortung für Auschwitz Element ihrer Staatsvernunft ist. In einer rationalen politischen Debatte sollte diese Hypothek nicht mehr als Negativposten ins Feld geführt werden.

Die Frage der Sprachenwahl und -zahl in einem künftigen Sprachenregime der Europäischen Union wird nur in einem offenen Diskussionsprozess beantwortet werden können. Was immer dessen Ergebnis sein wird – drei, vier oder fünf Arbeitssprachen –, das Europa der Zukunft wird nicht einsprachig sein. Bei der Abwehr einer sprachlichen Monokultur kommt Deutschland und Frankreich eine besondere Rolle zu. Kraft der Bedeutung ihrer Sprache sind sie in besonderer Weise für den Erhalt der Sprachenvielfalt in Europa verantwortlich, vor allem für die Sprachen kleinerer Staaten. Es gilt Fantasie zu entwickeln, wie sichergestellt werden kann, dass auch die Sprachen lebendig bleiben, die nicht in den Genuss kommen, Arbeitssprache des vereinten Europas zu sein. Würden diese künftig auf das Gesellige beschränkt, ereignete sich ein Kulturverlust, der zu den Zielen der Europäischen Union in krassem Widerspruch stünde.

VI. Ein Nachwort zur Zukunft der deutschen Sprache

Die deutsche Sprache ist lebendig wie eh und je. Weder verkümmert ihr Wortschatz noch wird sie von fremden Einflüssen ernsthaft bedroht. Wer Texte sucht, die Kauderwelsch aufbieten, wird stets reiche Beute finden. Dennoch: Die deutsche Sprache wird nicht wegen der Seitensprünge in fremde Reviere und der dabei erzeugten Mischlinge dahinwelken. Mit mehr Gelassenheit sollten wir die Maxime des Paulus beherzigen: Prüfet alles und behaltet das Gute! Deutschtümeleien, Anglizismenallergie und Widerwille gegen multikulturellen Sprachmix werden einer über die Landesgrenzen hinaus denkenden Sprachpolitik nicht dienlich sein. Weniger eifersüchtige Abwehr und Rivalität als vielmehr ein Blick auf das Ganze, vor allem der Bau von Sprachbrücken in einem mehrsprachigen Europa sollten unser künftiges Bestreben sein. Weltläufigkeit und Solidarität im Sinne von Verbundenheit sind angesagt.

Es ist ein deutscher Aberglaube zu meinen, dass man einem geschätzten Kulturgut am besten dient, wenn man seinen Zustand bejammert und gar seinen Verfall prophezeit. Dabei wird leider verkannt, dass je drastischer das Bedrohungsszenarium an die Wand gemalt wird, umso mehr die Vorzüge der Sache ins Hintertreffen geraten. Man erntet Mitleid, wo Enthusiasmus gebraucht wird.

Wer weniger erregungsdurstig, dafür mehr auf intellektuelle und schöngeistige Kost aus ist, sollte sich in Buchhandlungen und Bibliotheken umsehen. Auch ein regelmäßiges Lesen des Feuilletons und des politischen Blatts der großen Zeitungen und Zeitschriften bewahrt davor, dem Verfallsgerede auf den Leim zu gehen. Gerade was den Buchhandel angeht, haben wir kein Qualitäts-, sondern eher ein Mengenproblem. Mitglieder von Jurys, die Literaturpreis-Träger auswählen, wissen, dass jedes Jahr eine stattliche Zahl guter Bücher zur Wahl steht. Noch nie, wage ich zu behaupten, ist in deutschen Landen ein so gutes Deutsch von einer so großen Zahl von Menschen geschrieben und gesprochen worden. Martin Luther und Johannes Gutenberg hätten Freude an dem Fortwirken ihrer Großtaten, selbst wenn nicht jedes Buch, das gekauft wird, auch gelesen wird.

Die deutsche Sprache profitiert noch heute von den großen Dichtern und Denkern der Vergangenheit. Goethe und Schiller, Büchner und Hölderlin, Kant und die beiden von Humboldts stehen immer wieder – wunschgemäß – auf dem Programm der Goethe-Institute. Wie häufig ist mir auf Reisen vor allem in Osteuropa und Asien Eichendorffs Mondnacht oder Heinrich Heines Loreley aufgesagt worden, vom jüngst gewählten Staatspräsidenten Südkoreas sogar gesungen. Mögen auch die US-amerikanische Produktion von Büchern und deren Übersetzungen üppiger und die Übernahme von US-Lizenzen für den deutschen Markt heute wirtschaftlich unverzichtbar sein. Mit Hans Magnus Enzensberger, Günter Grass und Jürgen Habermas füllen die Goethe-Institute noch heute große Säle. Darüber seien Namen wie Bertolt Brecht, Franz Kafka, Thomas Mann und Max Weber nicht vergessen. All diese Namen stehen beispielhaft für deutschsprachige Werke der Weltliteratur, die nicht nur über die Landesgrenzen hinaus gelesen werden, sondern bis zum heutigen Tag die intellektuellen Diskurse weltweit mitprägen. Vor allem die Gegenwartsliteratur gibt Auskunft, was in Deutschland gedacht, diskutiert und gestaltet wird. Sie dient dem Abbau zählebiger Vorurteile über den deutschen Nationalcharakter. Nicht zuletzt veranschaulicht die belletristische Literatur, dass das Deutsche eine schöne, ausdrucks- und formenreiche Sprache ist, die sich schöpferisch fortentwickelt.

Ein Irrglaube wäre es allerdings zu meinen, dass nur die besten Köpfe, die Poeten, die großen Redner oder Sprachwissenschaftler Einfluss darauf haben, wie wir sagen, was wir sagen. Niemand wird die anregende und schöpferische Sprachkraft unserer kulturellen Eliten infrage stellen. Aber die Muttersprache lebt von einem Plebiszit, das sich jeden Tag wiederholt. Dieses von Ernest Renans auf den Verfassungsstaat gemünzte Wort ist mit Bezug auf die Sprache keine Übertreibung. Redet doch der Mensch im wahren Sinne des Wortes von Kindestagen an in der Muttersprache mit. Da der Einzelne nach außen nicht viel bewirken kann, gilt auch hier der Grundsatz, gemeinsam sind wir stark. Und es ist erstaunlich, wie viele Gesellschaften, Vereine und Institutionen es in Deutschland gibt, die sich der Pflege der deutschen Sprache verschrieben haben. Nicht nur anlässlich der Debatte um die Rechtschreibreform haben sich viele Bürgerinitiativen meinungsfreudig engagiert.

Im heißen Streit um die Rechtschreibreform hat auch der Bundestag vor dem Bundesverfassungsgericht Stellung bezogen und seine Überzeugung ausgedrückt, dass «sich die Sprache im Gebrauch der Bürgerinnen und Bürger ... ständig und behutsam, organisch und schließlich durch gemeinsame Übereinkunft weiterentwickelt. Mit einem Wort: Die Sprache gehört dem Volk». Dieser emphatische Satz sollte nicht als eine späte Frucht völkischen Denkens missdeutet werden. Gemeint ist die richtige Einsicht, dass die Muttersprache eine Privat- und öffentliche Angelegenheit freier Bürger und Bürgerinnen ist.

Die Sprache ist – wie eingangs dargelegt – ein wesentliches Charakteristikum unserer Kulturfähigkeit, ja der menschlichen Existenz überhaupt. Sie ist ein Teil unseres Selbst und Bedingung unseres Menschseins. Die Sprache ermöglicht es uns, eine Ansicht von der Welt zu entwickeln und uns als Individuum in einem vielfältigen Ganzen wahrzunehmen. Von der Natur des Menschen lässt sich ein gedanklicher Bogen zu den Menschenrechten und Grundfreiheiten schlagen, die wir gern als «angeborene und unveräußerliche Rechte» herausstellen. Wie die Menschenrechte, so entsteht und existiert auch die Sprache unabhängig von Staatszugehörigkeit und Staatsform. So reicht die deutschsprachige Welt über unsere Landesgrenzen hinaus. Auch in Österreich, in Liechtenstein und in Teilen der Schweiz wird Deutsch als Muttersprache gesprochen. Aus Österreich und der Schweiz stammen viele große Werke der deutschsprachigen Weltliteratur. Hier sei nur auf Robert Musil und Gottfried Keller hingewiesen. Treffend hat Felicitas von Lovenberg jüngst darauf hingewiesen, dass aus Österreich die aufregendsten Bücher der deutschsprachigen Gegenwartsliteratur stammen. Hier seien nur Arno Geiger, Robert Menasse und Marlene Streeruwitz genannt.

Aktuelle Zahlen führen uns überdies praktisch vor Augen, dass zwischen Staat und Muttersprache keine exklusive Beziehung besteht und dass innerhalb eines Staatsgebildes durchaus mehrere Muttersprachen miteinander wetteifern können. In den 200 Staaten der Welt gibt es nicht weniger als 6417 Sprachen. Diese Tatsache stellt nicht die soziale Bindekraft der Sprache, wohl aber die These von dem notwendigen Zusammenhang von sprachlicher und nationalstaatlicher Einheit infrage.

Zwar lässt sich angesichts der Geschichte des späten 18. und des 19. Jahrhunderts nicht leugnen, dass Sprachen bei der Konstitution von Nationalstaaten eine Rolle gespielt haben, ja dass deren Gebrauch bewusst instrumentalisiert worden ist, um Bürger zu einer «nationalen Masse» zu verschmelzen. Gleichwohl fallen nur in wenigen Fällen die Grenzen von Sprachgebiet und Staat zusammen. Weder das Modell «eine Nation, eine Sprache» noch die Identität von «Sprache und Staat» prägen Europa. Die Ideologie des Zusammenhangs von sprachlicher und nationaler Einheit wirkt dennoch im heutigen Europa und Deutschland fort. Das offenbart sich häufig in einer defensiven Sprachpolitik, die die Rivalität zu anderen Sprachen pflegt und ihre Kernaufgabe darin sieht, die Muttersprache von fremden Elementen zu reinigen. Übrigens sah auch Goethe darin das Geschäft der besten Köpfe. Doch sollte das Reinigen mit dem Bereichern der Muttersprache Hand in Hand gehen. Sollten Poesie und leidenschaftliche Rede in ihrer Heftigkeit auch etwas Bergschutt mitführen, so fährt er fort, «er setzt sich zu Boden, und die reine Welle fließt darüber her».

Die Lebenskraft und Schönheit der deutschen Sprache ist die eine Frage, deren Status in Europa und der Welt ist eine andere. Diese bereitet uns Sorgen. Wohl wird die deutsche Sprache nach wie vor weltweit gelehrt und gelernt. Doch zweierlei deutet sich bereits an: Im Zuge der Globalisierung verstärkt sich nicht nur der Druck zu Gunsten weniger Weltsprachen. Auch der wirtschaftliche Aufstieg Chinas macht sich mehr und mehr zum Nachteil der deutschen Sprache bemerkbar. Die Zahlen der Sprachkursteilnehmer in den Jahren 2005 und 2006 waren weltweit relativ beständig. In Nordafrika/Nahost und China sind die Teilnehmerzahlen um rd. 5000 und rd. 9000 gestiegen. Demgegenüber hat aber das Goethe-Institut in Ostasien fast 10000 Kursteilnehmer verloren. Hier wie auch bereits in Nordamerika wird deutlich, dass Mandarin Deutsch als Fremdsprache auf den dritten Platz verweist. Eine dritte Fremdsprache wird aber nur von wenigen gelernt.

Dieser Rückgang lässt das Auswärtige Amt und das Goethe-Institut nicht ruhen. Mit konzertierten Kampagnen versuchen sie, für das Deutsche zu werben. Die Initiative «Schulen: Partner der Zukunft» zum Beispiel bietet Schülerinnen und Schülern in aller Welt die Chance, durch die Teilnahme am integrierten Deutschunterricht ihrer Schule frühzeitig eine Bindung zur deutschen Kultur aufzubauen und sich an dem deutschen Bildungssystem zu orientieren. Solche Aktionen sind insbesondere dann Erfolg versprechend, wenn sie mit beruflichen Perspektiven, der Möglichkeit eines Auslandsstudiums, eines Schüleraustauschs oder mit dem Reiseziel Deutschland verbunden sind. Nicht gering geschätzt sei der Genuss von Literatur, Musik, Kunst und Philosophie.

Gleichwohl muss die deutsche Sprache mit einer besonderen Attraktion aufwarten können, die über die Weltgeltung der deutschen Philosophie hinausreicht. Der Status der Sprache als Europasprache spielt insoweit eine große Rolle. Deutschland ist noch immer Exportweltmeister und wird selbst, wenn es auf den zweiten oder dritten Platz verwiesen werden sollte, immer noch eine wichtige Rolle spielen. Laut einer jüngsten Umfrage unter Spitzenmanagern aus sechs europäischen Staaten steht Deutschland bei der Wettbewerbsfähigkeit unter den großen Volkswirtschaften Europas auf dem ersten Platz. Weltweit betrachtet, teilt sich Deutschland mit der Schweiz den zweiten Rang. Das sind Daten, die die Nachfrage nach Deutschunterricht stimulieren. Wenn wir dagegen der Welt ein Bild des Jammers und der Selbstzweifel bieten, dürfen wir uns nicht wundern, dass die Jugend naher und ferner Länder ihren Weizen woanders besser blühen sieht.

Im Falle Deutschlands genügt es nun einmal nicht, dass wir auf wirtschaftliche, wissenschaftliche, kulturelle und politische Leistungen verweisen können. Man muss das auch in einer gewinnenden Weise darstellen können. Fehlt es uns an Liebenswürdigkeit, an Selbstironie, an Durchsetzungskraft oder an politischem Geschick? Werden deutsche Wünsche noch immer als nationale Überheblichkeit gedeutet? Offenbar bedarf es eines kollektiven Selbstsicherheitstrainings, das uns mit Leidenschaft und Augenmaß, nationalistische Töne und Untertöne vermeidend, aufzutreten lehrt. Ein Selbstgefühl ist gemeint, das Macht als Verantwortung begreift, auch insoweit, als es um den Schutz der Sprachen kleiner Staaten geht. Vor allem müssen wir die eigene Sprache lieben lernen und uns für den Gebrauch derselben stark machen. Das erste scheint mir schon auf dem besten Wege zu sein.

Allenthalben lässt sich bei den verschiedensten Wettbewerben und Veranstaltungen des Deutschen Sprachrats beobachten, dass die Bürgerinnen und Bürger der Bundesrepublik Spaß an Sprachspielen haben und ihnen ihre Sprache wichtig ist. Sorgen bereitet eher das Sprachverhalten der gesellschaftlichen, wirtschaftlichen und politischen Eliten. Wer wüsste nicht, dass die Deutschen im Prinzip fleißige und sprachinteressierte Menschen sind. Wer unbedingt bei öffentlichen Auftritten sich aus Höflichkeit und Rücksichtnahme der Lingua franca bedienen möchte, der sollte das eine tun und das andere nicht lassen. Eine öffentliche Rede in zwei Sprachen zu halten, verlangt zwar den Verzicht auf Sätze. Aber das Publikum dankt es. Denn die gelungene Rede zeichnet sich nicht nur durch sprachliche Korrektheit, Klarheit, Angemessenheit und Schönheit aus. Schon die Stoiker priesen die Kürze als fünfte Tugend der Redekunst.

Gleichermaßen wichtig wie das Wiederbeleben der Sprachtreue im Innern des Landes ist eine aktive nach außen gerichtete Sprachpolitik, die sich von der Vielsprachigkeit Europas anregen und herausfordern lässt. Die deutsche Sprache wird sich als eine Europasprache nur behaupten, wenn wir die sprachliche Vielfalt und das Bildungsziel der Mehrsprachigkeit zu einer Aufgabe unserer Staatskunst machen. Diese Ansicht mag auf den ersten Blick als widersinnig erscheinen. Aber nur wenn wir in der Einsicht handeln, dass jede Sprache ein kulturelles Vermächtnis mit sich trägt, werden wir mit der Empathie handeln, die in der Sprachpolitik Erfolg verspricht.

Deutschland könnte hier eine Vorreiterrolle spielen. Beginnend mit den Nachbarstaaten oder Städtepartnerschaften könnten Modelle eines binationalen und wechselseitigen Spracherwerbs entwickelt werden, die das Erlernen der jeweiligen Nachbar- oder Partnersprache ermöglichen. Eine geistig-kulturelle Nachbarschaft, die das gegenseitige Verstehen der Moral, des Brauchtums und des politischen Systems einschließt, sollte Ziel des Zusammenwirkens sein. Eine solche Verbundenheit im kleinen oder größeren Grenzverkehr sollte dem zentral gelegenen Deutschland umso leichter fallen, als der deutsche Sprachraum mit seinen 14 Sprachnachbarn ein Transit- und Austauschgebiet per excellence zwischen Nord und Süd und seit dem Fall des Eisernen Vorhangs auch zwischen Ost und West ist.

Für die deutsche Sprache dürfte sich hier der Aspekt der Nachbarschaft, eng verbunden mit der Idee eines Europas der Regionen, als besonders fruchtbar erweisen. Denn der Zusammenbruch scheinbar fest gefügter staatlicher Ordnungen hat auch zwischen den einstigen Machtblöcken eine Vielzahl lokaler grenzüberschreitender Aktivitäten freigesetzt, wie sie sich in anderen Teilen

Europas schon längst etabliert haben. Wechselseitige Sprach- und Austauschprogramme, künstlerische und kulturelle Aktivitäten sind nicht nur für die Kenntnis und Verbreitung der «kleinen» Sprachen und Kulturen von Bedeutung. Sie leisten im Falle Mittelosteuropas auch einen Beitrag für den Ausbau demokratischer Institutionen.

Hat die Strategie der Mehrsprachigkeit sogar den Vorzug eines gottgewollten Handelns für sich? Wir sollten die Weitsicht der Autoren des Alten Testaments nicht überschätzen. Die Legende von Babel wollte Hochmut bestrafen, aber nicht über die Vielsprachigkeit für kulturelle Vielfalt auf Erden sorgen. Auch im Alten Testament gibt es offenbar unvorhergesehene Nebenfolgen von Entscheidungen. Ein Körnchen Wahrheit könnte in der Einsicht liegen, dass Einsprachigkeit Einfältigkeit mit sich bringt und dass der Einfältige sich eher anmaßt, der Schöpfung ins Handwerk zu pfuschen als derjenige, der um die Vielschichtigkeit des menschlichen Daseins weiß. Wie dem auch sei, die Vielsprachigkeit der Menschheit schließt – entgegen der Legende von Babel – eine Nachbarschaft des Geistes zwischen den Menschen verschiedener Sprachen und Kulturen nicht aus. Das Bildungsziel der Mehrsprachigkeit fördert sie. In vielen Zungen zu reden, verspricht intellektuellen Gewinn. Hätten wir auf Erden nur eine Sprache, wir hätten uns bald nichts mehr zu erzählen.

Anhang

Literatur

Ackermann, Andreas, Globalität, Hybridität, Multikulturalität – Homogenisierung der Kultur oder Globalisierung der Differenz, in: Jörn Rüsen (Hg.), Kulturwissenschaftliches Institut NRW, Jahrbuch 1998/99, S. 50–82.

Ammon, Ulrich, Englisch als Wissenschaftssprache, in: Sächsische Akademie der Wissenschaften zu Leipzig (Hg.), «Werkzeug Sprache» – Sprachpolitik, Sprachfähigkeit, Sprache und Macht, Hildesheim 1999.

Ammon, Ulrich, Sprechen Sie Europäisch?, in: Kulturreport – Fortschritt Europa, hg. vom Institut für Auslandsbeziehungen u. a, Stuttgart 2007, S. 178–184.

Ateş, Seyran, Große Reise ins Feuer, Die Geschichte einer deutschen Türkin, Berlin 2003.

Barilier, Etienne, Glückliches Babel, in: Kulturreport – Fortschritt Europa, hg. vom Institut für Auslandsbeziehungen u. a, Stuttgart 2007, S. 185–190.

Bielefeldt, Heiner, Menschenrechte in der Einwanderungsgesellschaft – Plädoyer für einen aufgeklärten Multikulturalismus, Bielefeld 2007.

Bielefeldt, Heiner, Rechte kultureller Minderheiten als Freiheitsanspruch. Zur menschenrechtlichen Begründung des Minderheitenschutzes, in: ders./Lüer, Jörg (Hg.), Rechte nationaler Minderheiten, Ethische Begründung, rechtliche Verankerung und historische Erfahrung, Bielefeld 2004, S. 27–56.

Bundesverfassungsgericht, Urteil vom 14. Juli 1998 zur Rechtschreibreform, Amtliche Sammlung Band 98, Tübingen 1999, S. 218–264.

Burke, Peter, Wörter machen Leute – Gesellschaft und Sprachen in der frühen Neuzeit, Berlin 2004.

Cicero, Marcus Tullius, De oratore – Über den Redner, hg. von Harald Merklin, 5. Aufl. Stuttgart, 2003.

Commission of the European Communities (Hg.), Final Report of the High Level Group on Multilingualism, Brüssel 2007.

Eßer, Ruth, Hans-Jürgen Krumm (Hg.), Bausteine für Babylon – Sprache, Kultur, Unterricht, Festschrift zum 60. Geburtstag von Hans Barkowski, München 2007.

Frühwald, Wolfgang, Das Sprachtier verabschiedet sich oder Über den Rückzug der Sprache aus der Existenzdeutung des Menschen, in: Wolfgang Frühwald u. a. (Hg.), Das Design des Menschen – Vom Wandel des Menschenbildes unter dem Einfluss der modernen Naturwissenschaft, Köln 2004, S. 232–259.

Gauger, Hans-Martin, Gewalt in der Sprache?, in: Union der Deutschen Akademien der Wissenschaften – Sächsische Akademie der Wissenschaft zu Leipzig (Hg.), «Werkzeug Sprache» – Sprachpolitik, Sprachfähigkeit, Sprache und Macht, Hildesheim 1999, S. 117–140.

Graddol, David, English Next. Why global English may mean the end of «English as a Foreign Language», British Council, Plymouth 2006.

Herder, Johann Gottfried, Briefe zur Beförderung der Humanität, in: Sämtliche Schriften, hg. von Bernhard Suphan, Bd. XVII, Hildesheim 1967.

Heun, Werner, Erläuterungen zur Art. 3 GG Rn. 115, in: Horst Dreier (Hg.), Kommentar zum Grundgesetz, Band I, Tübingen 1996.

Hinck, Walter, Flieger, grüß ihr die Sonne, Na also: Marica Bodrozic frischt die deutsche Literatur auf, in: Frankfurter Allgemeine v. 31. 8. 2007, S. 34.

Humboldt, Wilhelm von, Wilhelm von Humboldts Werke, Bd. VII, hg. von Albert Leitzmann, Berlin 1903–1936.

Jones, Samuel/Bradwell, Peter, As You Like It – Catching up in an age of Global English, London 2007.

Kelleter, Frank, Vielfalt in der Einheit – Kulturen des Konflikts am Beispiel der Vereinigten Staaten von Amerika, in:

GEORGIA AUGUSTA, Wissenschaftsmagazin der Universität Göttingen, Kulturen und Konflikte, Ausgabe 5, Mai 2007, S. 7–13.

Klemperer, Victor, LTI (Lingua Tertii Imperii) – Notizbuch eines Philologen, 3. Aufl. Leipzig 1975.

Kirchhof, Paul, Deutsche Sprache, in: Isensee/Kirchhof (Hg.), Handbuch des Staatsrechts, Bd. II, Verfassungsstaat, 3. Aufl. Heidelberg 2004, S. 209–258.

Koslowski, Peter, Die Europäische Union als postnationaler Bundesstaat – Für eine politische Union jenseits der Einheit von Staatsvolk und Staat, in: http://www.arena.uio.no/events/papers/Koslowski.pdf

Kraus, Josef, Persönlichkeitsbildung statt PISA-Falle, in: Forum Classicum, Zeitschrift für die Fächer Latein und Griechisch an Schulen und Universitäten, 2/2006, S. 78–88.

Krugmann, Michael, Das Recht der Minderheiten – Legitimation und Grenzen des Minderheitenschutzes, Berlin 2004.

Lovenberg, Felicitas von, Man schreibt Deutsch, in: Frankfurter Allgemeine Zeitung v. 1.3.2008, Bilder und Zeiten, Z 1 f.

Lüdi, Georges, Migration – Sprache – Sprachohnmacht, in: Jutta Limbach/Katharina von Ruckteschell, Die Macht der Sprache, München 2008.

Luttermann, Claus und Karin Luttermann, Ein Sprachenrecht für die Europäische Union, in: Juristenzeitung 2004, S. 1002–1010.

Maurais, Jacques, Towards a new global linguistic order?, in: Jacques Maurais und Michael A. Morris, Languages in a Globalising World, Cambridge 2003, S. 1–36.

Meyer, Hans Joachim, Kommunikation oder Dominanz?, in: Jutta Limbach/Katharina von Ruckteschell, Die Macht der Sprache, München 2008.

Mittelstraß, Jürgen, Der Geist und die Geisteswissenschaften, in: Frankfurter Allgemeine Zeitung v. 14.1.2008, S. 7.

Mönch, Regina, Die Schule der Türken – Nur Assimilation bringt auch Integration, in: Frankfurter Allgemeine Zeitung v. 13.2.1008, S.

Münz, Rainer, Was die Minderheit von der Mehrheit erwarten darf – Deutsche Übungen in Toleranz, in: Alfred Herrhausen Gesellschaft (Hg.), Das Ende der Toleranz? Identität und

Pluralismus in der modernen Gesellschaft, München u.a. 2002, S.161–168.

Nies Fritz, Kulturwissenschaft: Gesellschaftliche Vordenker im Rückstand?, in: Fritz Nies (Hg.), Europa denkt mehrsprachig – L'Europe pense en plusieurs langues, Tübingen 2005, S.17–31.

Oberndörfer, Dieter, Deutschland in der Abseitsfalle – Politische Kultur in Zeiten der Globalisierung, Freiburg 2005.

Polgar, Alfred, Kleine Schriften, Band I, Musterung, Hamburg 1982.

Raveling, Wiard, Englisch, Englisch über alles?, in: MUT Nr.385, September 1999, S.6–21.

Reich, Hans H., Türkisch-deutsche Sprachbiographien – Sprachliche Kompetenzen in Abhängigkeit von sprachlichen Sozialisationsbedingungen, in: Eßer, Ruth und Hans-Jürgen Krumm, S.34–44.

Reinbothe, Roswitha, Deutsch als internationale Wissenschaftssprache und der Boykott nach dem Ersten Weltkrieg, Frankfurt am Main 2006.

Safranski, Rüdiger, Wieviel Globalisierung verträgt der Mensch, München/Wien 2003.

Schroeder, Christoph, Integration und Sprache, in: Integration, in: Aus Politik und Zeitgeschichte, Beilage zur Wochenzeitung Das Parlament, 22–23/2007, 29. Mai 2007, S.6–12.

Spitzmüller Jürgen, Sprache und Identität: Warum die Anglizismen die Gemüter erhitzen, in: Muttersprache 3/2007, S.185–198.

Steiner, George, Grammatik der Schöpfung, München 2004.

Steinfeld, Thomas, Rein ist nur, was nicht mehr wächst, in: Süddeutsche Zeitung v. 18.10.2004, S.18.

Stickel, Gerhard, Deutsche und europäische sprachliche Interessen, in: Muttersprache, Vierteljahresschrift für deutsche Sprache, Jahrgang 117 (2007), S.134–144.

Süssmuth, Rita, Migration und Integration: Testfall für unsere Gesellschaft, München 2006.

Trabant, Jürgen, Die gebellte Sprache. Aufgeputzt und abgewirtschaftet: Der deutsche Sonderweg von der Scham der frühen Jahre zur postnationalen Sprachgemeinschaft, in: Frankfurter Allgemeine Zeitung v. 28.9.2007, S.40.

Truchot, Claude, Languages and supranationality in Europe: The linguistic influence of the European Union, in: Jacques Maurais und Michael A. Morris, Languages in a Globalising World, Cambridge 2003, S.99–110.

Wehler, Hans-Ulrich, Nationalismus – Geschichte, Formen, Folgen, München 2001.

Weinrich, Harald, Europa –Linguafrancaland?, in: Duden und Gesellschaft für deutsche Sprache (Hrsg.), Deutsch-Englisch-Europäisch, Impulse für eine neue Sprachpolitik, Mannheim u.a. 2002, S.30f.

Wertheimer, Jürgen, Krieg der Wörter – Die Kulturkonfliktslüge, Marburg 2003.

Aus dem Verlagsprogramm